Skigymnastik perfekt

Manfred Vorderwülbecke · Günter Kern

Skigymnastik perfekt

TELE-SKI 90

FALKEN

INHALTSVERZEICHNIS

INHALT

Naturerlebnis – Skilauf

VORWORT

Manfred Vorderwülbecke

Der Skisport entwickelte sich in den vergangenen 30 Jahren zu einem Freizeit- und Urlaubsvergnügen für Millionen. Nachdem in jüngerer Zeit auch Skiwandern und Langlauf diesem »Boom« folgten, darf der Skilauf in all seinen Varianten heute in Mitteleuropa zurecht als Volkssport bezeichnet werden.

Die Massenbewegung auf zwei »Brettern« brachte viele Probleme mit sich: Die Skigebiete platzten aus allen Nähten, Natur und Landschaft wurden arg strapaziert, und auf überfüllten Pisten und Loipen bzw. in langen Warteschlangen ist von einem freundlichen Miteinander und von streßfreier Urlaubsstimmung oft nicht mehr viel zu spüren. Nur Besinnung und freiwillige Beschränkung kann langfristig die Zukunft dieses faszinierenden Sports sichern. Alarmzeichen lösten auch die häufigen Verletzungen und die hohen Unfallziffern aus, die den Skisport ins Gerede brachten. Das Gipsbein wurde sozusagen zum Symbol für eine große Anzahl von Gelegenheitsskifahrern, die das Jahr über keinerlei Sport treiben und völlig untrainiert zu ihrem Winterurlaub aufbrechen. Die Verletzungsquote beim Skisport erreichte eine Dimension, die Ärzte, Verbände, Versicherungen und Krankenkassen zu entsprechenden Aufklärungskampagnen veranlaßte.

Im Mittelpunkt der Aufklärung steht immer wieder der nachhaltige Hinweis, daß nur die Skiläufer guten Gewissens und mit Erfolg ihren Sport genießen können, die sich körperlich auf die Wintersaison vorbereiten. Klinische Reihenuntersuchungen ergaben, daß 90 % der verletzten »Bruchpiloten« weder eine gezielte

Bergwacht

VORWORT

Skigymnastik noch irgendeinen anderen Sport als Vorbereitung für nötig hielten.
Der Skisport stellt bereits in der Grundstufe relativ hohe Anforderungen an Kraft, Ausdauer, Beweglichkeit und Geschicklichkeit. Er verlangt körperliche »Fitneß«, die nur bei Menschen zu finden ist, die entweder ganzjährig Sport treiben oder die zumindest im Herbst drei bis vier Monate hindurch ein entsprechendes Training absolvieren. Wer also regelmäßig joggt, Rad fährt, Fußball oder Tennis spielt oder eine andere Ausdauersportart betreibt und dazu – zuhause, im Verein oder im Fitneßstudio – ein Krafttraining absolviert, ist zweifellos auch fit für's Skilaufen. Die anderen Skifans (und die es werden wollen) können im Herbst auf eine gezielte Skigymnastik nicht verzichten. Entsprechende Angebote für ein Training, das sowohl Kraft als auch Ausdauer und Beweglichkeit vermitteln soll, gibt es bei Vereinen und in kommerziellen Studios.
Wer dazu weder Gelegenheit noch Zeit findet oder wer zuhause weitertrainieren will, für den bietet die Fernsehserie »TELESKI 90« und der dazugehörige Medienverbund (Buch, Video, LP) eine interessante Alternative und eine sinnvolle Ergänzung. Die 30 Minuten langen Sendungen im Fernsehen – mit ihren zahlreichen Kurzfilmen – können aus zeitlichen Gründen aber nicht den Anspruch auf ein vollständiges Trainingsprogramm erheben. Sie wollen den Zuschauer über den heutigen Stand der Skitechnik informieren und praktische Anregungen zum Skitraining zuhause geben.
Akteure im Schnee und im Studio sind Skistars wie Maria

Die Skistars: Hansi Hinterseer, Christa Kinshofer-Güthlein, Maria Walliser und Marc Girardelli

Die Skifamilie

Walliser, Marc Girardelli, Pirmin Zurbriggen, Christa Kinshofer-Güthlein, Hansi Hinterseer und Peter Angerer: eine Parade von Olympiasiegern, Weltmeistern und Weltcup-Gewinnern!
In den Filmen demonstrieren die Skilehrer des österreichischen Interski-Teams aus St. Christoph/St. Anton Skilauf und Skitechnik in Vollendung. Renommierte Skiexperten und Trainingsfachleute wie Prof. Franz Hoppichler, Lambert Dinzinger und Günter Kern stellten die Programme zusammen. Gunter Greffenius sorgte für eine »maßgeschneiderte« Musik, die in jeder Sendung das bunte und unterhaltsame Kaleidoskop aus Information und Animation abrundet.

Mitmachen ist erwünscht – reicht jedoch in diesem Rahmen nicht aus! Deshalb wird die TV-Serie durch dieses Buch und eine 60 Minuten Videokassette (ebenfalls FALKEN Verlag) sowie eine LP bzw. Musikkassette (bei Polystar) ergänzt. Mit Hilfe dieser Medien wird der Skifahrer in die Lage versetzt, sein Training so zu gestalten bzw. zu ergänzen, daß er beruhigt dem ersten Skiausflug der neuen Saison entgegensehen kann. Wer dieses Angebot nutzt und in die Tat umsetzt, wird im kommenden Winter mehr Erfolg, mehr Spaß und vor allem auch mehr Sicherheit im Schnee finden!

SCOTT

THEORIE DES SKILAUFS

KÖRPERLICHE FITNESS

Sowohl beim alpinen Skilauf als auch beim Skilanglauf handelt es sich um Ganzkörperübungen von hoher Komplexität. Aus diesem Grund stellt die körperliche Fitneß des Skiläufers einen leistungsbegrenzenden Faktor dar. Bevor man aber auf die speziellen konditionellen Anforderungen der Disziplinen eingeht, scheint es ratsam, den oft mißverstandenen Begriff der »körperlichen Fitneß« zu klären.
Unter Kondition versteht man die Summe aller leistungsbestimmenden Faktoren im Sport.

Körperliche Fitneß als Summe der leistungsbestimmenden Faktoren im Sport

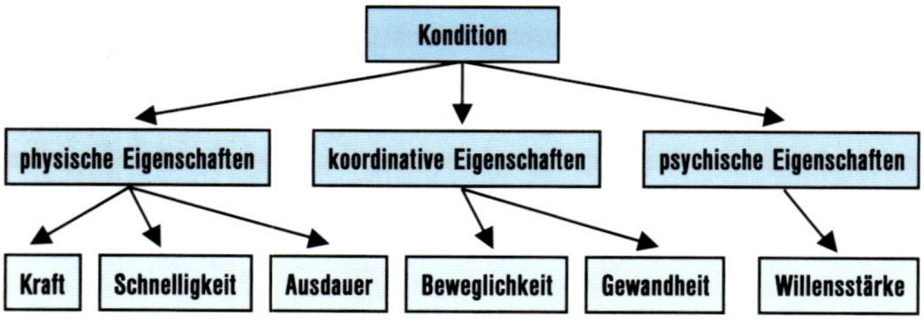

Aus der obigen Abbildung ist ersichtlich, daß Fitneß ein vielschichtiges Phänomen darstellt. Die unterschiedlichen Komponenten gilt es zu analysieren, bevor man dazu übergeht, Konsequenzen für die Praxis abzuleiten.

Physische Eigenschaften

Kraft

Kraft als motorische oder konditionelle Grundeigenschaft bezeichnet die Fähigkeit, einen äußeren Widerstand zu überwinden oder ihm entgegenzuwirken. Als konditionelle Eigenschaft wird sie zumeist in verschiedene Kraftarten (Maximalkraft, Kraftausdauer, Schnellkraft) unterteilt. Zu beachten ist, daß sie nie in »Reinform« auftritt, sondern immer nur als Kombination bzw. mehr oder weniger nuancierte Mischform der konditionellen physischen Leistungsfaktoren. Für unsere Zwecke müssen wir Maximalkraft und Kraftausdauer zudem in eine statische (Haltekraft) und eine dynamische Variante (Bewegungskraft) unterteilen. Im Skilauf und Skilanglauf benötigen wir die Kraft, um einerseits den Körper zu bewegen, zu beugen oder zu strecken und andererseits den Flieh-, Be- und Entlastungskräften entgegenwirken zu können.

Ausdauer

Ausdauer ist die Ermüdungswiderstandsfähigkeit des Körpers bzw. einzelner Teilsysteme sowie die Fähigkeit zu rascher Erholung. Auch hier lassen sich eine Reihe von Subkategorien finden. Von besonderer Bedeutung für den Skisport dürfte die Einteilung nach dem Gesichtspunkt der muskulären Energiebereitstellung sein. Man unterscheidet dabei zwischen aerober Ausdauer (ausreichend Sauerstoff zur Verbrennung der Energieträger) und anaerober Ausdauer (unzureichende Versorgung mit Sauerstoff; Energieträger werden ohne Sauerstoff verbrannt). Hohe Ausdauerfähigkeit ist notwendig, um über längere Zeit – dies gilt vor allem für den Langlauf – ohne Erschöpfungszustände Ski zu fahren und zu laufen.

Schnelligkeit

Schnelligkeit wird unterschieden in Reaktionsschnelligkeit, Schnelligkeit der Einzelbewegungen, Beschleunigungsfähigkeit und lokomotorische Schnelligkeit (maximal erreichbare Geschwindigkeit innerhalb eines zyklischen Bewegungsablaufs). Nicht zu trennen ist dabei die Schnelligkeit von der Kraft, speziell der Schnellkraft – eine Tatsache, die bei der Entwicklung der Schnelligkeit zu beachten ist.
In diesem Buch ist diese Komponente nur der Vollständigkeit halber erwähnt, da sie beim Freizeitskiläufer im Gegensatz zum Rennläufer eine untergeordnete Rolle spielt.

Koordinative Eigenschaften

Unter Koordination versteht man dabei das Zusammenwirken von Zentralnervensystem und Skelettmuskulatur innerhalb eines gezielten Bewegungsablaufs.

Beweglichkeit

Beweglichkeit ist die körperliche Fähigkeit, die Bewegungsmöglichkeiten der Gelenke nach allen Seiten voll auszunutzen. Die Beweglichkeit als Mittler zwischen konditionellen Eigenschaften und koordinativen Fähigkeiten ist eine elementare Voraussetzung einer qualitativ und quantitativ guten Bewegungsausführung. Abhängig ist die Beweglichkeit von anatomisch-physiologischen Bedingungen (Gelenke, Muskeln usw.), vom Alter und von äußeren Bedingungen (Außentemperatur, Tageszeit).

Gewandtheit

Unter Gewandtheit soll der Qualitätsgrad der Bewegungskoordination sportlicher Bewegungen verstanden werden. Als Kriterien der Gewandtheit gelten Bewegungsquantitäten und -qualitäten, die ihrerseits vom Niveau der koordinativen Fähigkeiten abhängig sind. Damit erweist sich die Gewandtheit als

Summe der koordinativen Fähigkeiten unter besonderer Berücksichtigung des Reaktions-, Anpassungs-, Steuerungs-, Orientierungs-, Gleichgewichts- und Kombinationsvermögens.

Psychische Eigenschaften

Neben den konditionellen und den koordinativen Eigenschaften besitzen die psychischen Eigenschaften eine nicht zu unterschätzende Bedeutung. Es würde zu weit führen, dies auszuführen, aber die folgenden notwendigen Eigenschaften eines Sportlers verdeutlichen sie: Motivation, Anstrengungsbereitschaft, Disziplin, Durchhaltevermögen, Entscheidungsfreude, Mut, Selbstbeherrschung, Einsicht, um nur einige zu nennen.

Anforderungsprofile

Jede sportliche Disziplin weist ein spezifisches konditionelles Anforderungsniveau auf, in dem sich der Anteil der einzelnen motorischen Grundeigenschaften widerspiegelt. Das Anforderungsprofil für Ski alpin bzw. Skilanglauf zeigt die Tabelle unten links.
Der Anteil der benötigten Eigenschaften ist mit ausschlaggebend für die Gestaltung des Trainings. Auf den Skilauf bezogen heißt dies, daß das Training des Skilangläufers ausdauerorientiert ist und das des alpinen Skifahrers besondere Fähigkeiten im Bereich Kraft und Gewandtheit entwikkeln soll. Diese Schwerpunktsetzung ist besonders auch für den Freizeitsportler von Bedeutung, der nicht darauf aus ist, sich mit anderen zu messen, sondern sein Training unter zwei speziellen Aspekten sieht:

1. dem der Vorbeugung von Verletzungen bzw. Organschäden,
2. dem Fitneßaspekt, d. h. ein Freizeitsportler hat mehr Spaß an seinem Sport, wenn er ihn über längere Zeiträume ohne größere Probleme betreiben kann.

Anforderungsprofil Ski alpin – Skilanglauf

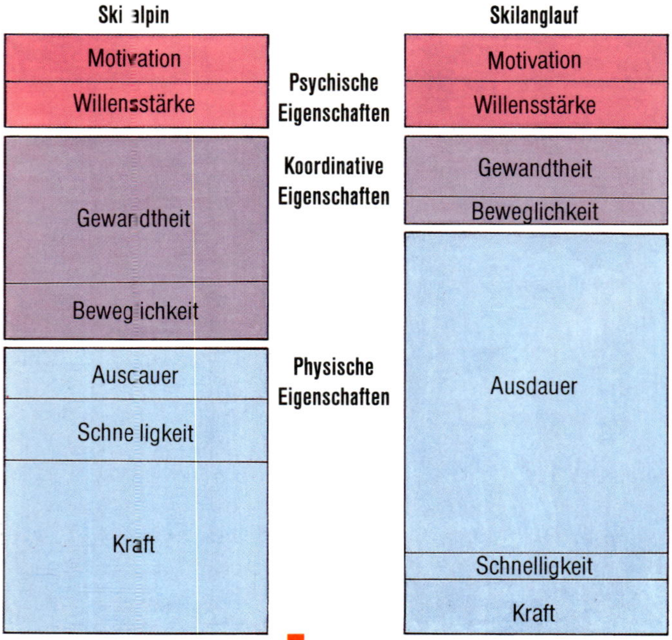

TECHNIK

Tiefschneeabfahrt

Wie jede sportliche Disziplin sind auch Ski alpin und Skilanglauf durch bestimmte Techniken definiert. Die Sportwissenschaft versteht unter dem Begriff Technik ein in der Praxis entwickeltes Verfahren, welches eine Bewegungsaufgabe (hier z. B. Bergstemme oder Diagonalschritt) mit dem Ziel der maximal möglichen sportlichen Leistung auf eine möglichst zweckmäßige und ökonomische Weise löst. Das Erlernen dieser Techniken gründet in den konditionellen Voraussetzungen des Lernenden – in seinen konditionellen Fähigkeiten, seinen koordinativen Voraussetzungen und seinen psychischen Eigenschaften. Auf jeder »Könnensstufe« ist die Bedeutung dieser Voraussetzungen von unterschiedlicher Gewichtung, wobei ein hoher Ausbildungsgrad sportlicher Kondition sich auf allen Stufen – ob Anfänger oder Hochleistungssportler – gleichermaßen positiv auswirkt. In diesem Buch sollen die wichtigsten Lernschritte und ihre Zuordnung zu den einzelnen »Könnensstufen« sowie die speziellen Anforderungen aufgezeigt werden.

ANATOMISCH-PHYSIOLOGISCHE VORAUSSETZUNGEN

Zum Verständnis von Training und Trainingswirkungen ist es notwendig, sich die anatomisch-physiologischen Grundlagen dieser Prozesse zu vergegenwärtigen. Im folgenden sind deshalb einige Grundkenntnisse und ihr Bezug zum Skisport dargestellt.

Voraussetzungen sportlicher Leistungssteigerung

Aus sportbiologischer Sicht ist das Training als ein ständiger Anpassungseffekt an zu überwindende Belastung aufzufassen. Der Körper versucht, sich dabei an eine sich wiederholende Belastung durch Veränderungen im Bereich des aktiven und passiven Bewegungsapparates sowie des Herz-Kreislauf-Systems so anzupassen, daß er die Tätigkeit leichter ausführen kann. Je nach Art der Muskeltätigkeit kommt es dabei zu unterschiedlichen Anpassungsphänomenen, wobei die Möglichkeit der Leistungssteigerung in den verschiedenen konditionellen Fähigkeiten unterschiedlich ist. Während Kraft und besonders Ausdauer in einem hohen Ausmaß gesteigert werden können, ist die Schnelligkeit nur geringfügig steigerbar.

Man kann zwei Arten von Anpassungserscheinungen unterscheiden. Zum einen die Sofortreaktion (beispielsweise die Steigerung der Herzfrequenz und des Blutdrucks bei einer sportlichen Betätigung) und zum anderen längerfristige funktionelle Anpassungen des Organismus (beispielsweise die Vergrößerung des Herzens beim Skilangläufer oder die Zunahme der Oberschenkelmuskulatur beim Abfahrtsläufer).
Der Trainingszustand entwickelt sich dabei zu Beginn eines längerfristigen Trainings sehr rasch. Nach längeren Trainingsphasen verläuft die Anpassung dann langsamer und schwieriger. Konsequenterweise müssen mit dieser Zunahme des Leistungsniveaus auch die Reize immer stärker werden, um eine Anpassung zu erzielen.

Herz-Kreislauf-System und Training

Das Training des Herz-Kreislauf-Systems ist in einer Zeit, da Hunderttausende von Herzinfarkten und anderen durch Bewegungsmangel hervorgerufenen Krankheiten bedroht sind, eine allgemeine Notwendigkeit. Ein Ausdauer-

Blutzufuhr in Milliliter pro Minute

Das Herz-Kreislauf-System eines Mannes im Ruhezustand (blau) transportiert 5 900 Milliliter Blut pro Minute, bei voller körperlicher Anstrengung (rot) dagegen 24 000 Milliliter pro Minute. Das bedeutet, daß die belastete Muskulatur bis zu 87% des gesamten Blutstroms aufnimmt

training, wie es der Skilanglauf bzw. das Skiwandern darstellt, ist eine Möglichkeit der Gesundheitsvorsorge. Als Sportler sollte man deshalb wissen, wie ein Ausdauertraining auf den Organismus wirkt.
Die Leistungsfähigkeit eines Muskels hängt von seiner Sauerstoffversorgung ab, denn nur bei einer ausreichenden Sauerstoffversorgung ist die für die Muskelarbeit notwendige Verbrennung der Energieträger gewährleistet. Deshalb versucht der Organismus, die Leistungsfähigkeit aller an der Sauerstoffversorgung beteiligten Funktionseinheiten zu steigern. Es sind dies besonders Herz, Lunge, Blutkreislauf und Muskel. So kommt es auch zu wichtigen Veränderungen im Bereich dieses Herz-Kreislauf-Systems.

- Herz

Ein langfristiges Ausdauertraining führt zu einer Vergrößerung des Herzvolumens und einer Stärkung des Herzmuskels. Dadurch ist das Herz in der Lage, pro Zeiteinheit mehr Blut (und damit Sauerstoff) in den Körper zu pumpen.

- Muskel

Eine Vermehrung der kleinen Äderchen (Kapillaren) im Muskel ermöglicht eine größere Sauerstoffausschöpfung, d. h. dem Blut kann vom Muskel durch eine Vergrößerung der Austauschfläche mehr Sauerstoff pro Zeiteinheit entzogen werden.

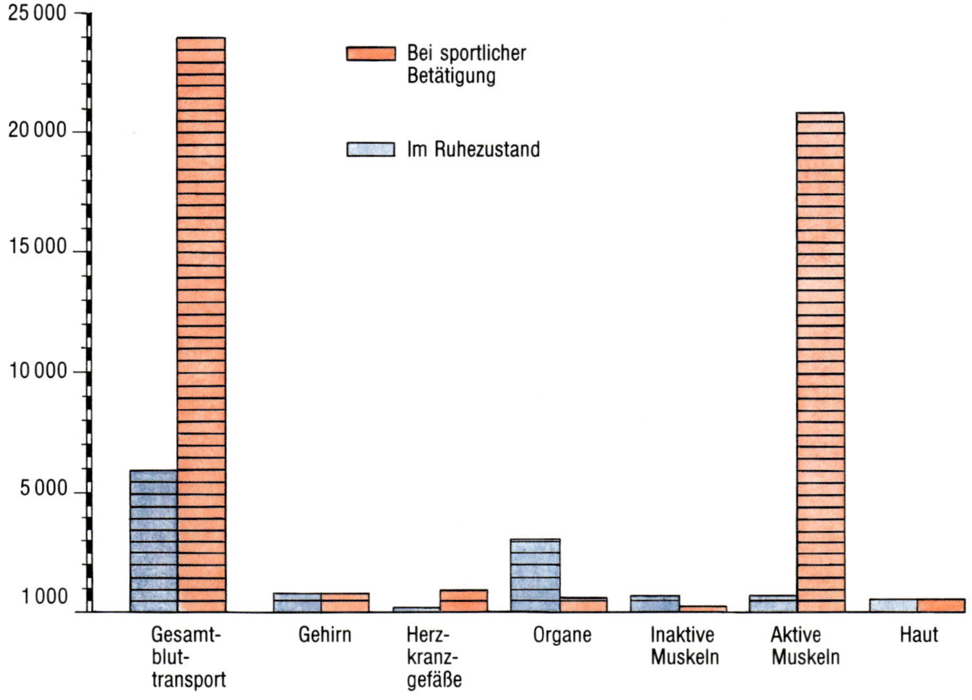

- Lunge

Durch Ausdauertraining ergibt sich eine verbesserte Arbeitsweise der Lunge. Es kommt zu einer Vergrößerung des Lungenvolumens und zu einer besseren Ausnutzung dieses Volumens, wodurch wiederum die Sauerstoffaufnahmefähigkeit des Blutes gesteigert wird. Insgesamt wird dadurch auch eine Senkung der Herzfrequenz erreicht.

- Herzfrequenz

Durch das vergrößerte Herzzeitvolumen (das ist die Menge an Blut, die das Herz pro Zeiteinheit ausstoßen kann) und die verbesserte Sauerstoffausschöpfung kommt es zu einer Senkung der Herzfrequenz auch in Ruhe.

- Regulation

Durch Ausdauertraining entwickelt sich ein verbessertes Zusammenspiel der einzelnen Funktionseinheiten des Herz-Kreislauf-Systems.

Dies sind nur die wichtigsten Anpassungserscheinungen bei einem Ausdauertraining. Man muß beachten, daß es sich dabei insgesamt um ein sehr komplexes Wirkungsgefüge handelt und man einzelne Aspekte nur der Anschaulichkeit halber trennen kann. Wie die konditionellen Anforderungsprofile gezeigt haben, wird das Herz-Kreislauf-System besonders im Skilanglauf (Anteil der Ausdauerkomponente ca. 55 %) angesprochen, doch ist gerade auch für den Freizeitsportler die entsprechende Wirkung durch den alpinen Skilauf nicht zu unterschätzen. Denn für den Ungeübten ruft schon eine 30minütige Belastung positive Auswirkungen auf das Herz-Kreislauf-System hervor, und deshalb ist das Skifahren als Fitneßtraining durchaus zu empfehlen. Ein trainierter Sportler hingegen wird mit dem alpinen Skilauf keine erkennbaren positiven Effekte für seine Ausdauer erzielen.

Bewegungsapparat

Ohne den Einsatz von Muskeln ist keine menschliche Bewegung möglich. So ist auch jede sportliche Disziplin durch den Einsatz bestimmter Muskeln bzw. Muskelgruppen gekennzeichnet. Auch die Hauptmuskelbeanspruchung von Skilanglauf und alpinem Skilauf gestaltet sich sehr unterschiedlich. Die alpinen Disziplinen erfordern eine schnellkräftige Muskulatur mit ausdauernder Haltekraft. Eine gut entwickelte Bein- und Rumpfmuskulatur ist Voraussetzung für ein geländeangepaßtes Skilaufen. Der Skilanglauf ist eine typische Ganzkörperübung, alle großen Muskelgruppen (Rumpf-, Bein-, Armmuskeln) werden gleichermaßen stark beansprucht. Muskelausdauer und -kraft sind die leistungsbestimmenden Faktoren.

Die alpinen Disziplinen erfordern eine schnellkräftige Muskulatur bei ausdauernder Haltekraft

Der alpine Skilauf wie der Skilanglauf stellen somit gerade für den Freizeitsportler eine hervorragende Möglichkeit dar, die Muskulatur umfassend zu kräftigen. Angesichts der großen Zahl von Haltungsschwächen und Haltungsschäden durch die berufliche Belastung ein beachtenswerter Aspekt. Unerläßlich ist die Kenntnis der betroffenen Muskeln bzw. Muskelgruppen für die Gestaltung des Trainings sowohl für den Leistungssportler als auch für den Freizeitsportler. Wie aus dem konditionellen Anforderungsprofil des alpinen Skilaufs zu ersehen ist, benötigt der Skifahrer ein hohes Maß an Kraft und Beweglichkeit. Die hauptsächlich beanspruchte Muskulatur muß deshalb gezielt trainiert werden, da sie den leistungslimitierenden Faktor darstellt. Zu beachten ist, daß dabei nicht nur die Muskelkraft gesteigert werden muß, sondern auch die Beweglichkeit des entsprechenden Gelenks. Dies gilt nicht nur für den Rennläufer, sondern unbedingt auch für den freizeitsportlich ambitionierten Skiläufer. Viele Unfälle könnten durch eine entsprechende Vorbereitung vermieden werden. Die häufigsten Verletzungen im Skisport sind nämlich solche, die den aktiven und passiven Bewegungsapparat betreffen (Verletzungen der Knochen, Muskeln und Gelenke). Gezielte Übungen, die die Muskelkraft verbessern und dazu noch die Beweglichkeit erhöhen, sind die beste Versicherung dagegen.

ALLGEMEINES ZUR INTENSITÄT DES TRAININGS

Die körperliche Belastung, mit der trainiert wird, muß deutlich über der »Alltagsbelastung« liegen, bei der die maximale Sauerstoffaufnahme ca. 30% beträgt. Die Trainingsbelastung sollte aber, wenn man mit dem Ziel der Leistungssteigerung trainiert, im Bereich von 60 – 80% der maximalen Sauerstoffaufnahme liegen.

Als Anhaltspunkt für die richtige Belastungsintensität ist für den Breiten- und Freizeitsportler die Herzfrequenz am geeignetsten. Die Tabelle (s. unten) zeigt die Abhängigkeit von Pulsfrequenz und Alter bei 60, 70 und 80% der maximalen Sauerstoffaufnahme. Mit der darunter stehenden Faustregel läßt es sich leicht rechnen, und auch Laien können mit ihrer Hilfe die geeignete Trainingsintensität herausfinden.

Pulsfrequenz-Richtwerte zur Bemessung der Belastung von 80%, 70% und 60% der maximalen Sauerstoffaufnahmefähigkeit (nach Strauzenberg 1979, S. 37)

	Pulsfrequenz bei		
Alter in Jahren	etwa 80%	etwa 70%	etwa 60%
30–35	170	150	130
36–40	165	145	125
41–45	160	140	120
46–50	155	135	115
51–55	150	130	110
56–60	145	125	105
61–65	140	120	100
66–70	135	115	95
71–75	130	110	90
Faustregel	200 – Alter	180 – Alter	160 – Alter

In der Praxis ist es so, daß in kurzen Trainingspausen an der für diesen Zweck günstigsten Stelle, der Halsschlagader, mit den Fingerkuppen der Puls zehn Sekunden lang gezählt wird. Diese Zahl wird dann mit sechs multipliziert. Liegt die Pulsfrequenz pro Minute unter dem geplanten Ziel, muß das Training verschärft, andernfalls die Intensität gesenkt werden.

Zeit und Häufigkeit des Trainings hängen von der jeweiligen Kondition und der Zielsetzung ab, wie auf Seite 76 zu sehen ist. Durch diese ständigen hohen Trainingsbelastungen passen sich die Muskeln und Organe an und werden leistungsfähiger. Dies bedeutet für das Training: die Belastungsintensität kann gesteigert werden. Diese Wechselbeziehung von Belastung, Ermüdung und Anpassung wird so lange ausgeführt, bis der gewünschte Leistungsstand erreicht ist.

Die Steigerung der Leistungsfähigkeit des Herz-Kreislauf-Systems läßt sich anhand der Herzfrequenz in Ruhe erkennen sowie an der Fähigkeit, nach intensiver Belastung relativ rasch zu den Ausgangswerten vor der Belastung zurückzukehren. Das Herz eines gut trainierten Menschen, das im Ruhezustand 45 – 50 Schläge pro Minute ausführt,

Ermittlung der Herzfrequenz

Der dunkler schraffierte Bereich verdeutlicht die obere und untere Belastungsgrenze eines gesunden 35jährigen Mannes

10-Sekunden-Puls	Herzschläge pro Minute
32	192
31	186
30	180
29	174
28	168
27	162
85 % 26	156
25	150
24	144
23	138
22	132
21	126
65 % 20	120
19	114
18	108
17	102
16	96
15	90
14	84
13	78
12	72
11	66
10	60
9	54
8	48

pumpt die gleiche Blutmenge in den Körper wie das Herz eines untrainierten Menschen, das 75 – 80 Schläge ausführt. Folglich muß das Herz eines untrainierten Menschen pro Tag 50 000mal öfter schlagen als das Herz eines trainierten Menschen. Selbst wenn man beim Sportler die erhöhte Herzfrequenz während des Trainings berücksichtigt, muß das Herz eines Nicht-Sportlers im Laufe eines Jahres noch immer 17 Millionen Schläge mehr ausführen. Diese Zahlen machen deutlich, welcher Mehrbelastung das Herz eines untrainierten Menschen ausgesetzt ist.

Fitneß und Ruhepuls (Tab. rechts)

Das trainierte Herz befördert pro Herzschlag eine wesentlich größere Blutmenge als das untrainierte. Somit benötigt es zur ausreichenden Versorgung des Körpers mit Sauerstoff und Nährstoffen eine geringere Schlagfrequenz. Trainierte Menschen haben im allgemeinen einen niedrigeren Ruhepuls als untrainierte

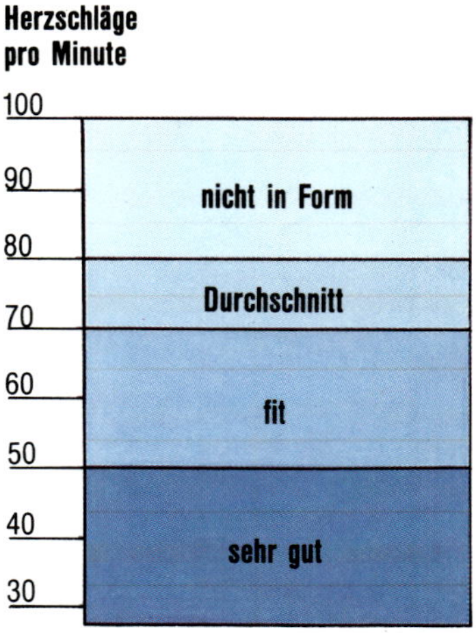

27 – Niedrigster gemessener Wert (bei einem Skilangläufer)

Idealer Verlauf der Pulsfrequenz während eines Ausdauertrainings (z. B. Skilanglauf)

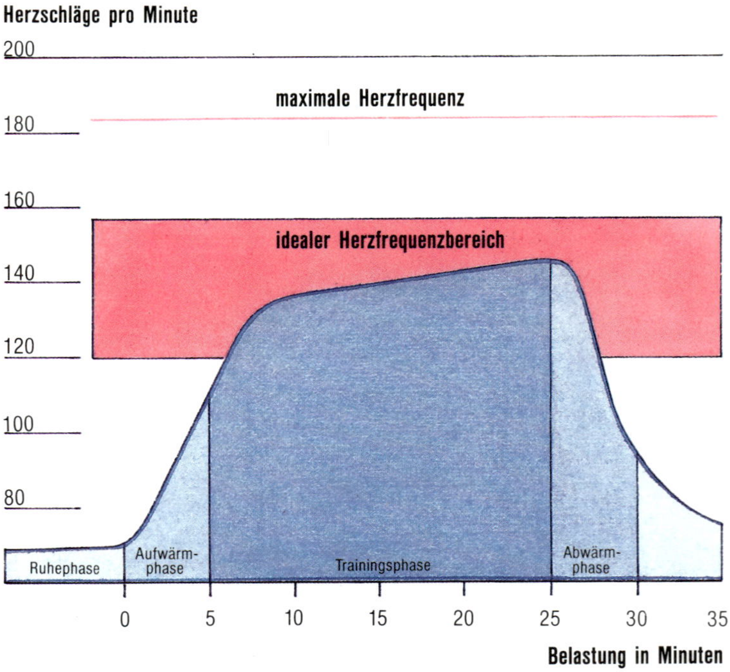

Idealer Verlauf der Pulsfrequenz während des Trainings

Während einer Trainingseinheit oder einer sportlichen Betätigung werden folgende drei Intensitätsphasen unterschieden: Aufwärmphase – Trainingsphase – Abwärmphase. Jedes Training sollte mit einer (mindestens fünfminütigen) Aufwärmphase, die den Herzschlag kontinuierlich in den idealen Pulsfrequenzbereich (s. Abb. oben) bringt, begonnen werden. Darauf folgt die eigentliche Trainingsphase, in der nach individueller Zielsetzung mit entsprechender Intensität trainiert wird. Nach Beendigung der Trainingsphase sollte das Training nicht abrupt beendet werden; während der Abwärmphase sollte die Pulszahl wieder der Schlagfrequenz im Ruhezustand angenähert werden. Beim Skilanglauf läßt sich dieses Drei-Phasen-Schema leicht einhalten und auch kontrollieren. Schwieriger ist dies im alpinen Skilauf, da die Pulsfrequenz hier nur schwer konstantzuhalten ist.

Skilanglauf – Das ideale Ausdauertraining

VERLETZUNGEN IM SKISPORT

Abtransport eines verletzten Skifahrers

Skisport, vor allem, wenn er alpin betrieben wird, ist gekennzeichnet von Geschwindigkeit, unterschiedlichsten Geländeformen, hohen Anforderungen an die Geschicklichkeit und von der Fähigkeit, in bestimmten Situationen schnell richtig zu reagieren. Diese Eigenschaften stellen – einzeln für sich betrachtet – bereits Risikofaktoren dar, die zu Unfällen und damit zu Verletzungen führen können. Dies gilt umso mehr, wenn man alle Faktoren im Zusammenhang sieht und dazu noch bedenkt, wieviele Skifahrer sich gleichzeitig auf der Piste befinden. In den letzten Jahren haben Verletzungen durch zu hohe Geschwindigkeit und vor allem durch Zusammenstöße auf manchmal hoffnungslos übervölkerten Pisten extrem zugenommen. Deshalb ist es für jeden Skifahrer Pflicht, alles zu tun, um sich und andere nicht zu gefährden (s. FIS-Verhaltensregeln für Skifahrer). Bevor wir auf die häufigsten Skiverletzungen eingehen, sollten zunächst die Hauptgründe für die Entstehung dieser Verletzungen bzw. Schädigungen verdeutlicht werden.

Individuelle Gründe

- Das Alter beeinflußt Kraft und Elastizität der Körpergewebe. Ab dem dritten bis vierten Lebensjahrzehnt verringert sich die Muskelkraft, die Elastizität von Sehnen und Bändern sowie die Knochenfestigkeit. Durch körperliche Aktivität werden diese Rückbildungsvorgänge verzögert!
- Persönliche Eigenschaften wie Temperament und Reife beeinflussen die Risikobereitschaft des Skifahrers.
- Sportliche Erfahrung: Die Verletzungsrate bei Anfängern ist im Skisport deutlich erhöht im Vergleich zu erfahrenen Sportlern.
- Die skispezifische Technik spielt gerade im alpinen Skilauf eine entscheidende Rolle, um Verletzungen oder Belastungsschäden zu vermeiden.
- Trainingszustand: Verletzungen ereignen sich auffallend

Wirkungsweise der Skelettmuskeln (Synergisten – Antagonisten)
Körperliche Bewegung erfordert immer die gleichzeitige oder zumindest nacheinanderfolgende Arbeit mehrerer Muskeln. Jedem Muskel oder jeder gleichsinnig arbeitenden Muskelgruppe (Synergisten) wirkt ein anderer Muskel oder eine andere gleichsinnig arbeitende Muskelgruppe (Antagonisten) entgegen. Ziehen sich die einen zusammen bzw. verkürzen sich (Kontraktion), so

häufig zu Beginn der Skisaison oder am Ende eines Skitages, verursacht durch eine zu geringe Grundkondition.

- Ungenügendes Aufwärmen, das zu Muskel- und Sehnenverletzungen führen kann.
- Intensives Skifahren ohne ausreichende Erholungsphasen nach größeren Belastungen. Man weiß zum Beispiel, daß im Skiurlaub am dritten Tag die meisten Skiunfälle passieren.
- Gesundheitliche Vorschädigungen wie Infektionen und grippale Infekte steigern das Risiko von Komplikationen wie Herzmuskelentzündungen. Kein Skisport bei erhöhter Körpertemperatur!

Eine vernünftige Lebensführung wie ausreichend Schlaf und Verzicht auf Alkohol vermindern das Verletzungsrisiko.

Ausrüstung und Pisten

- Die Ausrüstung ist bei vielen Skisportlern unzureichend bzw. defekt.
- Die Pistenverhältnisse richtig einschätzen! Eine Piste kann im Schatten vereist sowie hart und in der Sonne aufgeweicht sein und in diesem Wechsel eine Gefahr darstellen. Schwierigkeitsgrad und Pistenmarkierung müssen beachtet werden!
- Berücksichtigen Sie besonders beim Skisport die Wetterverhältnisse und -entwicklung, und reagieren Sie darauf entsprechend!

Die häufigsten Skiverletzungen

In der Skisaison 1987/88 wurden bei 4 000 000 deutschen Skisportlern ca. 90 000 Skiunfälle registriert. Den Hauptanteil mit ca. 75 000 Unfällen hatte dabei der alpine Skilauf. Nimmt man eine Lokalisation der Verletzungen im alpinen Skilauf vor, so zeigt sich, daß mit 40 % der Kniegelenksbereich die mit Abstand häufigste Verletzungszone ist. Interessant ist dabei der Anstieg der Verletzungsrate im Zeitraum von 1980 (27 %) bis 1987 (40 %). Der Grund dafür liegt zum größten Teil in der Skischuhentwicklung mit höheren Schäften und härteren Materialien. Gleichzeitig haben sich nämlich die Unterschenkel- und Sprunggelenksfrakturen von 26 % (1980) auf 14 % (1987) verringert. Rumpf, Kopf und Unterarm/Handgelenk blieben in punkto Verletzungshäufigkeit in den angegebenen Zeiträumen unverändert, während die typischen »Skiluxationen« im Schulter- und Oberarmbereich sich von 24 % (1980) auf 17 % (1987) verringert haben.
Beim Langlauf tragen der schnelle Ski, die lockere Verbindung mit dem Fuß und die oft vereisten und außerdem noch steilen Abfahrten der Loipen zu einem nicht zu unterschätzenden Verletzungsrisiko bei. Verstauchungen und Knochenbrüche des Handge-

werden die anderen gedehnt, bremsen so zum einem die Bewegung ab und werden zum anderen noch in den Zustand einer vergrößerten Anfangsspannung versetzt. Diese Spannungvermehrung hilft in erster Linie, eine Art Gegenhalt zu bilden, wodurch erst eine optimale und fein abgestimmte Arbeitsweise der Muskulatur innerhalb einer Gesamtbewegung möglich wird. Die Entspannung und Dehnung eines Muskels durch seinen Antagonisten bewirkt zugleich eine Erhöhung seiner Arbeitsbereitschaft und Leistung für seine nachfolgende Kontraktion. Jede Bewegung wird folglich durch das Wechselspiel von Synergisten und Antagonisten in ihrer Ausführung beeinflußt

lenks sowie Kapsel-Band-Verletzungen im Kniebereich sind im Langlauf nicht selten. Auch die Sprunggelenke sind bei dieser Sportart, bedingt durch flache Schuhe, äußerst gefährdet.

Vorbeugung durch Kompensationstraining

Um Verletzungen vorzubeugen, bedarf es im Skisport einer möglichst guten körperlichen Vorbereitung und einer kritischen, objektiven Einschätzung der individuellen Leistungsfähigkeit.
Dieses Buch will und soll kein sportmedizinisches Werk sein, es soll Ihnen aber klarmachen, warum es wichtig ist, gezieltes Vorbereitungstraining für die Skisaison zu betreiben.

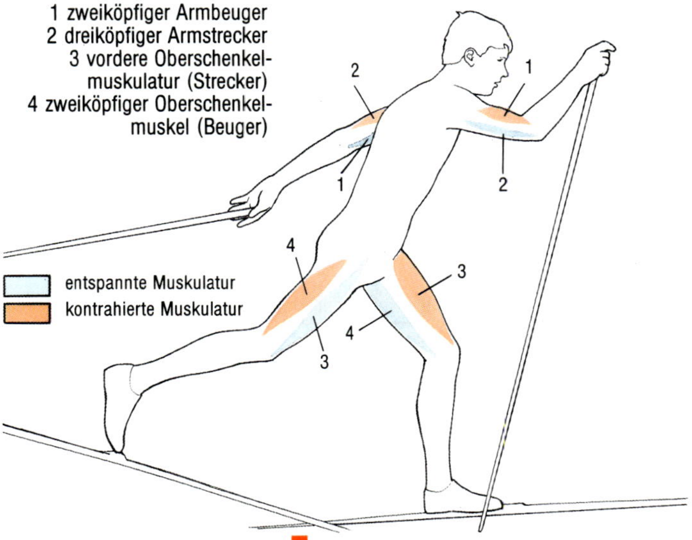

1 zweiköpfiger Armbeuger
2 dreiköpfiger Armstrecker
3 vordere Oberschenkelmuskulatur (Strecker)
4 zweiköpfiger Oberschenkelmuskel (Beuger)

In den einführenden Kapiteln wurden die auftretenden Belastungen im Skisport bereits dargestellt. Belastungen werden nur dann ideal kompensiert, wenn alle Muskelgruppen im richtigen Verhältnis zueinander trainiert worden sind. Nur so können die Muskeln ein »Stoßdämpfersystem« für Knochen und Gelenke bilden. Es wird auch heute noch zu häufig übersehen, daß dies neben der Kraftentwicklung die Hauptaufgabe der Muskulatur ist.
Um dieser eigentlichen Hauptaufgabe gerecht werden zu können, müssen folgende Punkte berücksichtigt werden:

1. richtiges Verhältnis von Synergisten/Antagonisten (s. Abb. unten),
2. ausgeprägte Gelenksmuskulatur,
3. Vermeidung von Muskelverkürzungen durch einseitiges oder falsches Training,
4. den Gesichtspunkt der Muskelschlingen beim Training beachten und nicht einzelne Muskeln (s. S. 30–35).

Ein effektives Training unter den Gesichtspunkten Leistungssteigerung und Gesundheitsvorbeugung verlangt ein gewisses Grundwissen, die richtige Übungsauswahl und die passende Belastungsdosierung. Unter dem Gesichtspunkt dieser drei Grundelemente des Trainings wollen wir Sie im Übungsteil dieses Buches anleiten und unterstützen.

HERZ-KREISLAUF-BELASTUNGEN

Intensive anaerobe Belastungen wie beim dynamischen Kraftausdauertraining oder beim Buckelpistenfahren erhöhen die Pulsfrequenz auf 120 bis 180 Schläge/min. und können sogar noch deutlich darüber hinausgehen.
Das Herz-Kreislauf-System reagiert aber nicht nur bei Belastungen, die sich durch Bewegungen ergeben, mit einer Pulserhöhung, sondern auch auf psychische Einflüsse. Exogene (äußere) Faktoren bedingen endogene (innere) Reaktionen. Derartige Einflüsse sind ungünstige Witterungsbedingungen (Kälte, Wind), vereiste Pisten (Loipen), steile und enge Abfahrten und die Höhe mit geringerer Sauerstoffsättigung. Der weniger geübte Skifahrer und Skilangläufer reagiert mit einem durch Unsicherheit und Angst hervorgerufenen vegetativen Herzfrequenzanstieg.
Diese Vorgänge sind bei der Belastungsdosierung zu beachten, da es sonst aufgrund des Zusammenspiels exogener und endogener Faktoren zu einer Überbelastung kommt, die vor allem beim weniger geübten und trainierten sowie älteren Skiläufer zu Leistungseinbußen führen, die die Freude und Spaß an der Bewegung verringern. Skilehrer und Skiführer müssen in ihrem Unterricht auf dieses Zusammenspiel Rücksicht nehmen.

Körperliche Leistungsfähigkeit

Exogene Faktoren	Endogene Faktoren
Belastung durch die Bewegung psychische Faktoren Klima Höhe	Alter Trainingszustand Streßtoleranz (Belastbarkeit)

Die Belastung des alpinen Skiläufers

Die Belastung des alpinen Skiläufers ergibt sich – unabhängig von seinem Könnensstand – durch folgende Gegebenheiten:

Belastung	
	Schwungfrequenz
	Steilheit des Geländes
	muskuläre Anspannung
	psychische Belastung

Anfängerunterricht

Fährt der Anfänger in flachem bzw. mittelsteilem Gelände, kommt es zu einer geringen Herz-Kreislauf-Belastung, denn er fährt mit niedriger Schwungfrequenz. Die Herz-Kreislauf-Belastung ist letztlich auf die meist verkrampfte Haltung mit hoher Muskelanspannung und die psychische Belastung der Sturzangst zurückzuführen. (1 = geringste, 5 = höchste Belastung)

Anfängerunterricht

Belastungshöhe	**1**	**2**	**3**	**4**	**5**
Schwungfrequenz					
Steilheit des Geländes					
muskuläre Anspannung					
psychische Belastung					

Einfache Schwungformen, mittelsteile Piste

Belastungshöhe	**1**	**2**	**3**	**4**	**5**
Schwungfrequenz					
Steilheit des Geländes					
muskuläre Anspannung					
psychische Belastung					

Einfache Schwungformen auf mittelsteiler Piste

Bei einfachen Schwungformen (Berg-Tal-Stemme) ist der Leistungsstand des Skiläufers so weit fortgeschritten, daß sich die psychische Anspannung nur noch in unübersichtlichem und schwierigem Gelände einstellt. Da die Schwünge auf dieser Lernstufe mit mittleren Radien gefahren werden, ist aus der Schwungfrequenz ebenfalls eine geringe Belastung abzuleiten. Auch die muskuläre Anspannung zeigt eine mittlere Belastung, so daß diese Schwungformen für alle Alters- und Leistungsstufen geeignet sind. Die Pulswerte liegen bei ca. 120 Schlägen/min.

Schere – talwärts

Belastungshöhe	1	2	3	4	5
Schwungfrequenz					
Steilheit des Geländes					
muskuläre Anspannung					
psychische Belastung					

Kurzschwünge, mittelsteile Piste

Kurzschwünge auf mittelsteilem Gelände

Zu einer Erhöhung der Herzfrequenz führen kürzere Schwünge in mittelsteilem Gelände. Pulswerte um 160 Schläge/min. können bei härterer Piste erreicht werden. Wird die Frequenz noch mehr erhöht, sind auch Pulswerte um 180 Schläge feststellbar. Bei der Umsteigetechnik liegen die Pulswerte aufgrund stärkerer Muskelspannung durchschnittlich bei 180 Schlägen/min. und darüber.

Buckelpiste

In der Buckelpiste werden die höchsten Belastungswerte erreicht. Bei dynamischer Fahrweise mit ständig wechselnder Frequenz, die oftmals die höchste Stufe erreicht, bei höchster Muskelanspannung, großer Steilheit des Geländes und hoher psychischer Anforderung können Pulswerte von über 200 Schlägen/min. festgestellt werden.
In der Muskulatur werden Stoffwechselabfallprodukte gelagert, die zu deutlichem Müdigkeitsgefühl führen und die erst nach längerer Zeit wieder abgebaut werden.
Die hohe Belastung ergibt sich auch deshalb, weil der Buckelpistenfahrer nur selten Gelegenheit hat, seine individuelle Fahrweise zu praktizieren, ihm wird der Rhythmus der Piste aufgezwungen.

Buckelpiste

Belastungshöhe	1	2	3	4	5
Schwungfrequenz					
Steilheit des Geländes					
muskuläre Anspannung					
psychische Belastung					

Tiefschneefahren

Das Tiefschneefahren bringt je nach Schneebeschaffenheit unterschiedliche Belastungen. Sind die Bedingungen gut, liegt die Pulsfrequenz bei ca. 130 Schlägen. Diese Werte steigen sprunghaft, wenn das Können des Skiläufers sinkt oder die Schneeverhältnisse ungünstig werden (Packschnee, Bruchharsch). Die mittlere Belastung ist auf die belastungsgünstigere beidbeinige Fahrweise (Hochschwung oder Hochschwung mit Jetbewegung) zurückzuführen.

Kurzschwünge im Tiefschnee

Tiefschnee – Könner

Belastungshöhe Könner	1	2	3	4	5
Schwungfrequenz					
Steilheit des Geländes					
muskuläre Anspannung					
psychische Belastung					

Belastungshöhe Ungeübter	1	2	3	4	5
Schwungfrequenz					
Steilheit des Geländes					
muskuläre Anspannung					
psychische Belastung					

Tiefschnee – Ungeübter

Die Belastung des Skiläufers

Die Belastung beim Skilanglauf ist vor allem durch die Faktoren Gelände, Technik, Geschwindigkeit bestimmt. Zu einer Überforderung führen ungünstig ausgewähltes Gelände, Technik und Geschwindigkeit. Da beim Langlauf eine höhere Zeitnutzung vorliegt, ist ein entsprechender konditioneller Aufbau wesentliche Voraussetzung.

Anfänger

Beim Anfänger steht die Technikschulung (Diagonalschritt) im Vordergrund. Sie leitet sich aus der Alltagsmotorik (Gehen) ab und kann durch Skiwandern vorbereitet werden. Wichtig ist, daß das Gelände auf die Technik abgestimmt ist. Planes Gelände mit flachen Anstiegen ist für die Technikschulung am besten geeignet. Die Geschwindigkeit des Anfängers ist das Ergebnis seiner Technik und seiner konditionellen Voraussetzungen. Zu beachten ist, daß beim Anfänger Bewegungs- und Pausenphasen ständig wechseln.

Fortgeschrittene

Mit zunehmendem Können, wenn die Technik variiert wird, erläuft sich der Langläufer schwierigeres Gelände mit größeren Anstiegen und schnelleren Abfahrten. Er wird versuchen, durch die Perfektionierung seiner Technik die Laufgeschwindigkeit zu steigern. Dementsprechend muß das Training der Kondition im Ausdauer- und Kraftbereich spezialisiert werden. Dies gilt vor allem für die schnelle Skatingtechnik.

MUSKULÄRE BEANSPRUCHUNG BEIM ALPINEN SKILAUF

Wie bereits erwähnt, belastet das alpine Skifahren den gesamten Muskel- und Skelettapparat. Bestimmte Muskelgruppen sind hochintensiv eingesetzt, vor allem jene Muskeln, die für das Aufkanten, die Streckbewegung im Sprung-, Knie- und Hüftgelenk sowie für die der Schwer- und Fliehkraft entgegenwirkenden Haltekräfte verantwortlich sind. Dabei spielt die Größe der betreffenden Muskulatur eine untergeordnete Rolle, da sportliche Bewegungsabläufe nur durch zusammenarbeitende Muskelgruppen, sogenannte Muskelschlingen, ausgeführt werden können. Dabei ist zu beachten, daß die Leistungsfähigkeit dieser Muskelschlingen durch den schwächsten Muskel dieser Kette bestimmt wird. Das sind in der Regel die kleineren Muskeln, die den von den größeren Muskeln ausgeübten Zugverhältnissen standhalten müssen, aber auch die Feinkoordination zu übernehmen haben.
Unter diesen Gesichtspunkten sollten wir uns folgende Muskeln und Muskelgruppen einmal genauer betrachten.

Vorderer Schienbeinmuskel

M. tibialis anterior

Funktion: Der Schienbeinmuskel nähert den Unterschenkel dem Fußrücken, er beugt das Sprunggelenk z. B. beim schnellen Vorwärtsgehen oder beim Skifahren. Außerdem ist er in der Lage, den inneren Fußrand zu heben (Supination). Deshalb ist der Schienbeinmuskel einer der meist beanspruchten Muskeln im Skisport. Er ist nämlich neben seiner gleichgewichtserhaltenden Funktion auch für die Feinsteuerung des Kanteneinsatzes von großer Bedeutung.

Seitliche Unterschenkelmuskel

vor allem M.peronaeus longus

Funktion: Im oberen Sprunggelenk wirkt er bei der Beugung des Fußes zur Fußsohle mit. Im unteren Sprunggelenk ist er der wichtigste Muskel zur Einwärtsdrehung des Fußes. Im alpinen Skilauf trägt er zusammen mit dem Schienbeinmuskel zur Erzeugung der Kantengriffkraft bei harter, eisiger Piste wesentlich bei. Dabei sind keine technikspezifischen Unterschiede festzustellen, und es besteht auch zwischen Tal- und Bergbein kein signifikanter oder bedeutsamer Belastungsunterschied.

Hansjörg Tauscher

Muskelschlingen in der Abfahrtsposition (Ski alpin)

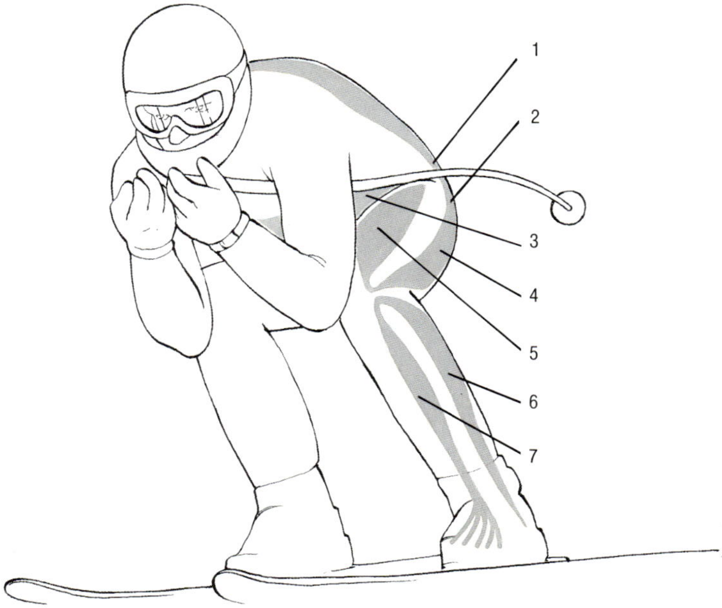

1 untere Rückenstreckermuskulatur
2 Gesäßmuskulatur
3 Bauchmuskulatur
4 hintere Oberschenkelmuskulatur
5 vordere Oberschenkelmuskulatur
6 Wadenmuskulatur
7 vordere Schienbeinmuskulatur

Vordere Oberschenkelmuskulatur

M. quadriceps femoris

Die vordere Oberschenkelmuskulatur setzt sich aus vier Anteilen zusammen, die unterschiedliche Funktionen haben. Wir wollen an dieser Stelle nur drei Anteile davon analysieren (M. vastus medialis, M. vastus lateralis, M. rectus femoris), da der vierte Anteil (M. vastus intermedius) von den anderen drei Anteilen überlappt wird und daher für Untersuchungen über die jeweilige Wirkungsweise schlecht abzugrenzen ist.
Alle vier Teile vereinigen sich zu einer gemeinsamen Sehne.
Funktion: Die Gesamtfunktion des vierköpfigen Schenkelstreckers besteht in einer Streckung im Kniegelenk sowie im Halten der Schwerkraft und anderer äußerer Kräfte wie der Fliehkraft bei gebeugten Knien. Dabei besteht der mittlere Anteil aus schnell kontrahierenden Muskelfasern (sog. FT-Fasern) mit spitzem Fiederungswinkel. Dadurch eignet er sich besonders für Schnellkrafteinsätze, wie rasche Kniegelenksstreckung zur Hochentlastung, im alpinen Skilauf. Die anderen Anteile des vorderen Oberschenkelmuskels bestehen

Pirmin Zurbriggen

Muskuläre Beanspruchung des Bewegungsapparates beim Ski alpin (Klammerschwung)

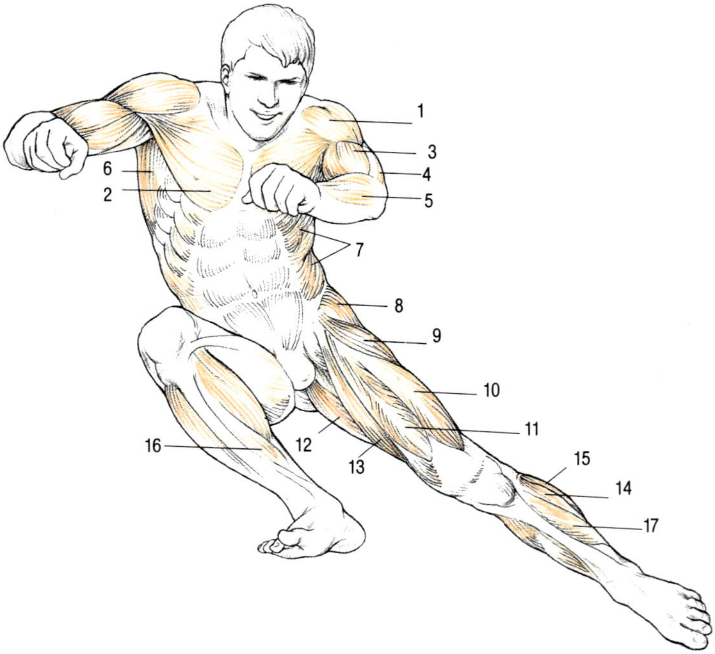

1 Deltamuskel
2 großer Brustmuskel
3 zweiköpfiger Armbeuger
4 dreiköpfiger Armstrecker
5 langer Fingerstrecker
6 breiter Rückenmuskel
7 äußerer schräger Bauchmuskel
8 Gesäßmuskel
9 Schenkelbindenspanner
10 äußerer Schenkelmuskel
11 gerader Oberschenkelmuskel
12 langer Schenkelanzieher
13 Schneidermuskel
14 langer Wadenbeinmuskel
15 Zwillingswadenmuskel
16 Schollenmuskel
17 vorderer Schienbeinmuskel

überwiegend aus langsam kontrahierenden, aber ausdauernden Muskelfasern (sog. ST-Fasern), die in einem stumpfen Fiederungswinkel angelegt sind. Sie sind in erster Linie für isometrische Haltearbeit, wie sie beim Skifahren permanent benötigt wird, geeignet.

Gesäßmuskulatur

vor allem M. glutaeus maximus

Funktion: Die Gesäßmuskulatur wird vorrangig zur Streckung im Hüftgelenk, wie z.B. beim Aufrichten aus der Hokke, eingesetzt. Neben den dynamischen Funktionen verrichtet sie auch statische Haltearbeit, indem sie sich bei einer Verlagerung des Körperschwerpunktes nach vorn so stark anspannt, daß ein Vorfallen des Oberkörpers verhindert wird. Gerade zur Bewältigung ausgeprägter Fliehkräfte bei entsprechender Fahrgeschwindigkeit spielt die Gesäßmuskulatur eine wichtige Rolle.

Untere Rückenstreckmuskulatur

vor allem M. erector spinae

Funktion: Die untere Rückenstreckmuskulatur streckt bzw. neigt den Rumpf zur Seite. Dies ist ihre dynamische Funktion. Schwerpunktmäßig verrichtet die untere Rückenstreckmuskulatur statische Haltearbeit mit der Hauptaufgabe, die Wirbelsäule, gerade im besonders anfälligen Lendenwirbelbereich, muskulär zu schützen. Nur eine ausgeprägte Rückenmuskulatur, die im richtigen Zugverhältnis zur Bauchmuskulatur steht, kann die auftretenden hohen Belastungen bei eisiger Piste oder gar Buckelpiste dämpfen bzw. sogar kompensieren.

Innere Oberschenkelmuskulatur

vor allem die Adduktorengruppe

Unter der inneren Oberschenkelmuskulatur sollen hier vor allem die sogenannten Schenkelanzieher (Adduktoren) gemeint sein. Diese Muskeln (M. adductor longus, M. adductor magnus, M. adductor brevis, M. obturatorius externus) sind besonders durch Überbeanspruchung gefährdet, da sie den »Mittler« zwischen der starken Oberschenkelmuskulatur und der von oben kommenden Bauchmuskulatur darstellen.
Deshalb treten biomechanisch gesehen große Zugkräfte auf diese Muskelbereiche auf, die sich noch verstärken, je weiter das Bein ausgestellt ist. Im Skisport sind diese Muskeln ständig im Einsatz, wenn Sie nur an die Grundschule, die Umsteigeschwünge und an die notwendigen Krafteinsätze bei auseinanderlaufenden Skiern, die parallel gehalten werden sollen, denken. Verletzungen der Adduktoren machen oft unter dem Sammelbegriff »Leistenbeschwerden« Schlagzeilen. Diesen Leistenbeschwerden kann nur vorgebeugt werden, indem Sie diesen empfindlichen Bereich in Verbindung mit der Bauchmuskulatur besonders konzentriert dehnen und auch kräftigen.
Das sind die wichtigsten Muskeln für den alpinen Skilauf. Sie reichen von sehr großen Muskeln des menschlichen Körpers wie der Oberschenkelmuskulatur bis zu kleinen Muskeln wie beispielsweise dem vorderen Schienbeinmuskel.
Alle Muskeln sind gleich wichtig zu trainieren. Dies gilt auch für die nicht erwähnten Muskeln! Lassen Sie sich deshalb von unseren Übungsprogrammen (s. S. 88–105) leiten, die speziell unter diesen Gesichtspunkten erstellt worden sind.

MUSKULÄRE BEANSPRUCHUNG BEIM SKILANGLAUF

Während beim alpinen Skiläufer die ausgebildete Bein- und Rumpfmuskulatur Leistungsvoraussetzung darstellt, sind beim Langläufer Rumpf-, Bein- und Armmuskulatur gleichermaßen stark beansprucht, wobei bei der Laufbewegung der Hüftlendenmuskel, die Hüft-, Knie- und Fußstreckmuskulatur sowie Bauch- und Rückenmuskulatur eingesetzt werden. Bei der Stockarbeit,

1 Armmuskulatur
2 Schultermuskulatur
3 Rückenstrecker
4 Bauchmuskulatur
5 Gesäßmuskulatur
6 hintere Oberschenkelmuskulatur
7 vordere Oberschenkelmuskulatur
8 Wadenmuskulatur
9 vordere Schienbeinmuskulatur

Freizeitläufer

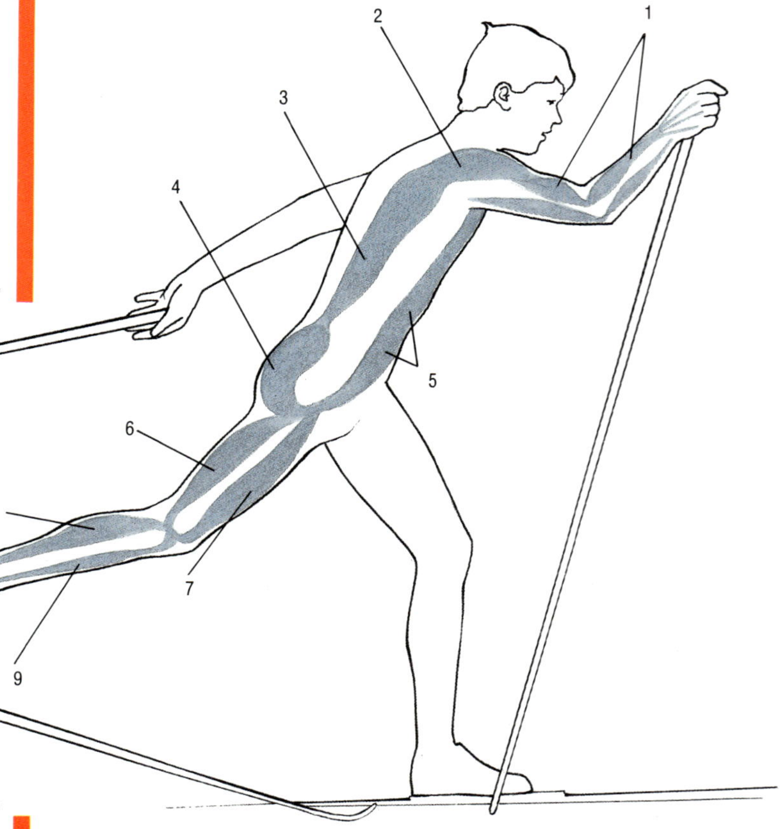

Muskelschlingen beim Skilangläufer

Jochen Behle

1 Kappenmuskel (Kapuzenmuskel)
2 Deltamuskel
3 großer Brustmuskel
4 Fingerstrecker
5 radialer Handstrecker
6 langer Daumenabzieher
7 breiter Rückenmuskel
8 Gesäßmuskel
9 Schenkelbindenspanner
10 äußerer Schenkelmuskel
11 gerader Oberschenkelmuskel
12 langer Wadenbeinmuskel
13 Zwillingswadenmuskel
14 Schollenmuskel

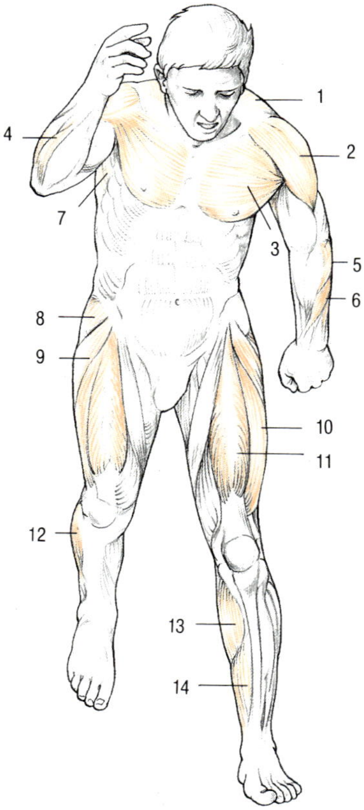

Muskuläre Beanspruchung des Bewegungsapparates beim Skilanglauf

einer wichtigen Teilbewegung beim Langlauf, arbeitet die Oberkörpermuskulatur wie Delta- und Trapezmuskel, Nackenmuskel, großer Brustmuskel, breiter Rückenmuskel und Armmuskulatur, vor allem der dreiköpfige Armmuskel. Die Beinmuskulatur ist beim Druckpunktnehmen überwindend, haltend und nachgebend tätig, bei der Abstoßstreckung in Hüft-, Knie- und Sprunggelenk zügig überwindend und explosiv eingesetzt, in der aktiven Schwungphase ebenfalls überwindend und in der Gleitphase nach zunächst haltender Arbeitsweise überwindend, dann nachgebend und später wieder haltend. Bei der Stockarbeit sind bei allen Phasen (Zugphase, Druckphase und Schwungphase) zu nahezu gleichen Anteilen haltende und überwindende Arbeitsweisen zu beobachten.
Auch bei der Skatingtechnik ändert sich an dem muskulären Ganzkörpereinsatz nichts. Die Muskulatur des Gleitbeins hält zunächst, gibt dann nach und überwindet. Das Abstoßbein überwindet explosiv, die Rumpfmuskulatur hält und gibt im Rückenbereich nach, während die Bauchmuskulatur hält und überwindet. Die Muskulatur des Schulter-Arm-Bereichs hält und überwindet. Beim Training der an der Technik beteiligten Muskelgruppen sind Muskelkraft und Muskelausdauer leistungsbestimmende Faktoren.

Bogner

DIE WICHTIGSTEN SKI- UND SKILANGLAUF-TECHNIKEN

TECHNIKEN FÜR ALPIN- UND LANGLAUFSKI

Die folgend beschriebenen elementaren Fertigkeiten (Schußfahren, Schrägfahren, Seitrutschen, Pflug, Pflugbogen), die gleich gut mit dem Alpin- wie mit dem Langlaufski geübt werden können, erschließen Fähigkeiten wie Rutschen, Kanten, Bremsen, Be- und Entlasten oder Drehen. Allerdings wirft der Langlaufski mehr Probleme auf, weil der Ski schmäler ist, die Schuhe nicht so viel Halt geben und die Ferse in der Bindung nicht fixiert ist. Die Anforderungen an das Balance- und Gleichgewichtsgefühl sind somit wesentlich höher. Trotzdem ist es gerade für den Skilangläufer von großer Wichtigkeit, sich mit diesen elementaren Fertigkeiten auseinanderzusetzen, da alle Laufstrecken in der Regel auch Abfahrten enthalten.

Schußfahren

Schußfahren

Schußfahren ist nichts anderes als der ständige Versuch, den Körper trotz wechselnder äußerer Bedingungen immer im Gleichgewicht zu halten. Eine bewegungsbereite Grundposition, d. h. hüftbreite Skistellung, gleichmäßige Belastung beider Ski und ein leichtes Beugen der Sprung-, Knie- und Hüftgelenke wie der Wirbelsäule hilft, alle Geländeunebenheiten zu meistern. Die Stöcke tragend, sollte weder mit viel Vorlage noch zu viel Rücklage gefahren werden. Ein flacher Hang mit genügend Auslauf hilft beim angstfreien Erlernen dieser Fertigkeit.

Schrägfahren

Schrägfahren

Sind die Regelmechanismen beim Schußfahren erlernt, gilt es, das Queren des Hanges zu erarbeiten. Unterschiedlich ist dabei zunächst nur das Vordrehen der bergseitigen Körperhälfte (= Schrittstellung, ungefähr 8 cm), um die Hangneigung auszugleichen. Der ganze Körper steht damit etwas schräg zu den Ski.
Um den Hang queren zu können, müssen die Ski in offener Skistellung durch ein Vor-Bergwärtsbeugen der Beine gekantet werden. Der Oberkörper gleicht durch ein Vor-Seitbeugen aus. Im steileren Hang gilt es, mehr und mehr von der beidbeinigen Belastung zur reinen Talskibelastung überzugehen.
Schrägfahren sollte etwas abseits der befahrenen Pisten geübt werden, um nicht sich und die anderen Skifahrer durch das Queren der Piste zu gefährden.

Seitrutschen

Seitrutschen

Seitrutschen ermöglicht, im steileren, engen Gelände bremsend abzurutschen. Ausgangsstellung ist die Schrägfahrt, aus der durch Stockschieben das Seitrutschen ausgelöst wird.
Ein mittelsteiler Hangabschnitt ist notwendig, damit die Ski wirklich ins Rutschen kommen können.

Pflug

Pflug

Auch das Bremsen will gelernt sein. Beliebt seit Generationen ist das Bremsen mit dem Pflug. Die Pflugstellung wird durch ein Drehen der Beine erreicht. Die Körperposition ist wie beim Schußfahren: getragene Stöcke, bewegungsbereite Gelenke, beide Ski und die ganze Fußsohle gleichmäßig belastet. Zum Bremsen kommt man durch ein Vergrößern der Pflugstellung und ein verstärktes Aufkanten durch Vor-Einwärtsbeugen der Knie. Im Langlauf findet nicht selten auch der Halbpflug Anwendung, wobei ein Ski in der Spur bleibt, während der andere Ski ausgestemmt wird.
Bei beiden Formen gelingt das Bremsen nur im flacheren Übungsgelände. Im zu steilen Gelände fehlt häufig die notwendige Beweglichkeit in den Hüften, so daß die Knie zu wenig einwärtsgebeugt werden können.

Pflugbogen

Pflugbogen

Auch wenn heute die Skiexperten der Meinung sind, der Pflugbogen müßte so schnell wie möglich vom Fahren in offener Skistellung abgelöst werden, verzichten kann man auf ihn nicht. Er bietet sich vor allem für Skilangläufer an, wenn ein Hang zu bewältigen ist. In einfacher Form, ausgeführt mit reinem Belastungswechsel in der Pflugstellung, führt er schnell zu kleinen Richtungsänderungen.
Schwieriger wird es, wenn zusätzlich die Beine und der Oberkörper gebeugt und das bogenäußere Bein gegen die Hüfte gedreht wird.
Zu beachten ist, daß der Pflugbogen nur im flachen Gelände gefahren werden sollte, damit die Hüften nicht überbeansprucht werden.

TECHNIKEN FÜR DEN ALPINSKI

Es gibt Technikformen, die sich besonders für die alpine Ausrüstung eignen, auch wenn sie ebenso mit Langlaufausrüstung zu fahren wären. Darunter fallen:

Bergstemme

Lange Zeit führte die Bergstemme hinter der Talstemme ein Schattendasein. Sie war als »Rucksackschwung« der Tourengeher bei den Pistenfreaks verpönt. Heute dagegen wird sie der Talstemme vorgezogen. Das bremsende Stemmen fällt weg, so daß der Talski auf der Kante weitergleiten kann. Damit wird die Fähigkeit Kanten geschult, die bei allen sportlichen Schwüngen von großer Bedeutung ist. Weiter wird bei der Bergstemme der Drehwinkel verkürzt, wenn aus parallel-offener Skistellung mit dem Beugen der Beine und des Oberkörpers der Bergski ausgestemmt und der Stockeinsatz vorbereitet wird, womit die Fallinie leichter und schneller überfahren werden kann. Die Kraft für das Auslösen des Schwunges wird herabgesetzt, und es kann ökonomischer gefahren werden. Das dosierte Abstoßdrehen vom Talski vor-talwärts mit Stockeinsatz und Umsteigen gegen den Bergski führt in die richtige Ausgangssteuerposition, wenn die Knie und der Rumpf noch etwas aufgerichtet werden. Das schwunghafte Beidrehen des Abstoßskis führt die (durch das Abstoßdrehen) eingeleitete Skidrehung weiter. Am Ende der Hochbewegung sollte sofort mit dem Beugen der Beine und des Rumpfes begonnen werden.
Dabei ist zu beachten, daß das Außenbein, möglichst gleichmäßig auf die Schwungkurve verteilt, gegen die Hüfte gedreht wird. Zur Erhaltung der Außenskibelastung ist es notwendig, nach der Fallinie den Oberkörper vor-talwärts auszurichten. Mittelsteiles Gelände bei gut präparierter Piste ist für die Bergstemme ideal. Sie bietet sich aber auch bei schlechter Sicht, schwer schwingbarem Schnee und steilem Gelände an.

Bergstemme

Talstemme

Jahrelang war die Talstemme fest in den Lehrplänen der Skinationen Schweiz, Österreich und Deutschland verankert. Heute hat sie etwas an Bedeutung verloren und wird hauptsächlich älteren und weniger sportlichen Skifahrern empfohlen.
Mit dem Beugen der Beine und des Rumpfes aus parallel-offener Skistellung wird der Talski bei zunehmender Belastung ausgestemmt und zum Ende hin durch Vor-Einwärtsbeugen des Talbeines verstärkt aufgekantet. Mit diesem Ausstemmen wird der Talski aus der vorgegebenen Spur gedreht, was zu einem Bremsen führt. Vielen Skifahrern hilft dieses Anbremsen, den Schwung sicherer und angstfreier zu vollenden. Der Nachteil des rutschenden Ski wird in Kauf genommen. Ist die Abstoßposition sicher eingenommen, erfolgt das Abstoßdrehen vor-talwärts mit Stockeinsatz, das Umsteigen auf den Bergski und das schwunghafte Beidrehen des Abstoßskis. Es wird wieder die richtige Ausgangssteuerposition erreicht, die durch ein dosiertes Beugen der Beine und des Oberkörpers und ein gleichmäßiges Drehen des Außenbeines gegen die Hüfte fortgesetzt wird. Die ausgleichende Oberkörper-Vor-Seitbeuge sichert die Außenskibelastung. Für die Talstemme sollten nur gut präparierte plane Hangneigungen bis höchstens mittelsteil ausgewählt werden.

Talstemme

Parallel-Umsteigen

Allen Umsteigetechniken, auch der Berg- und Talstemme, ist der ständige Belastungswechsel von einem auf das andere Bein gemeinsam. Dadurch ergeben sich jeweils für das unbelastete Bein physiologisch günstige Entlastungsphasen. Auch das Parallel-Umsteigen kann somit von der Bergstemme abgeleitet werden. Die Stemmstellung wird zur parallel-offenen Skistellung abgebaut, womit zwar der Vorteil der Wegverkürzung wegfällt, dafür kann aber schneller und gleichmäßiger gefahren und der Schwungübergang flüssiger gestaltet werden. Das mögliche höhere Fahrtempo ist geeignet für den sportlicheren und rennlauforientierten Skiläufer (Ju-

Parallel-Umsteigen

Hochschwung

gendlichen). Das höhere Fahrtempo fordert konsequent ein einbeiniges Abstoßdrehen und Aufrichten vor-talwärts, um mit der eingenommenen Kurvenlage der wesentlichen äußeren Kraft (Zentrifugalkraft) begegnen zu können. Mit dem Abstoßdrehen ist auch hier das Umsteigen auf den neuen Außenski verbunden. Im anschließenden Steuern steht das Kanten der Ski im Vordergrund. Es wird ermöglicht durch die angepaßte Kurvenlage und einem zunehmenden Vor-Bergwärtsbeugen der Beine bei entsprechend ausgleichender Oberkörper-Vor-Seitbeuge. Das Drehen des Außenbeines gegen die Hüfte darf nur so stark sein, daß die Ski nicht aus der vorgegebenen Kurvenbahn gedrückt werden. Eine geschnittene Schwungsteuerung ist die Folge.
Wenigstens mittelsteiles Gelände, plan und gut präpariert, ist für das Parallel-Umsteigen eine notwendige Voraussetzung.

Hochschwung

Ungeachtet des furiosen Siegeszuges der Umsteigetechnik im Skilauf ist der Hochschwung weiterhin Ziel vieler Skiläufer. Mit seiner weich dosierten Tief-Hoch-Tief-Bewegung und der synchronen und geschlossenen Beinarbeit genügt er höchsten ästhetischen Anforderungen. Durch die gleichbleibende parallele Skistellung können die einzelnen Schwünge gut überlagert werden, so daß die Schwungübergänge bei beliebigen Schwungradien besonders flüssig gelingen. Der rhythmische Wechsel zwischen Spannung und Entspannung ist besonders gefällig und schont zudem die Kräfte, wie neuere Untersuchungen ergaben. Die harmonische Geschlossenheit entsteht, weil beide Beine zeitlich und räumlich synchron geführt werden. Die geschlos-

sene Skistellung stellt hohe Anforderungen an das Gleichgewicht und die situative Anpassungsfähigkeit (an Gelände, Schwungradius, Schnee usw.).
Beidbeiniges Abstoßdrehen, mit Stockeinsatz vortalwärts, Aufrichten, Drehen des Außenbeines gegen die Hüfte im Beugen und ausgleichende Vorseitbeuge.
Ganz ähnlich wie das Parallel-Umsteigen kann auch die Technik des Hochschwungs sehr gut im mittelsteilen bis steilen Gelände gefahren werden.

Tiefschwung

Tiefschwung

Der Tiefschwung unterscheidet sich in seiner Bewegungsstruktur prinzipiell von den Schwüngen Bergstemme, Talstemme, Parallel-Umsteigen, Hoch- und Kurzschwung.
Während bei diesen Techniken der Schwung durch ein Hochgehen eingeleitet und durch ein Beugen gesteuert wird, erfolgt beim Tiefschwung die Schwungeinleitung durch ein Beugedrehen, verbunden mit einem Stockeinsatz und einem Vor-Talwärtsneigen des Oberkörpers. Gesteuert wird mit einem möglichst früh einsetzenden, aber dosierten synchronen Strecken der Beine und Aufrichten des Oberkörpers. Nachdem auch das Strecken der Beine beim Tiefschwung mit muskulärer Spannung erfolgen soll, entfällt der physiologisch günstige Wechsel zwischen Ent- und Belastung fast vollständig, wodurch zwar einerseits eine sehr frühe Druckkontrolle ermöglicht wird, aber andererseits die lokale Ermüdung rasch zunimmt. Sieht man einmal davon ab, daß der Tiefschwung unter Umständen Wegbereiter zum Ausgleichsschwung im buckligen Gelände ist, wird er sicher nicht eine sehr häufig praktizierte Schwungtechnik sein.
Auf alle Fälle darf er höchstens in planem mittelsteilen Gelände gefahren werden. Im steileren Gelände kann, be-

Scher-Umsteigen

dingt durch das Streckdrehen, der Kantendruck nicht ausreichend erhalten werden, so daß die Ski stark durch die Kurve driften.

Scher-Umsteigen

Dieser sehr rennsportliche Schwung setzt eine gute körperliche Verfassung voraus, damit bei höherem Tempo schneidend, d. h. fast wie auf einem Gleis, gesteuert werden kann. Die parallel-offene, in ihrer Weite an das Tempo, die Hangneigung und den Schwungradius angepaßte Skistellung ermöglicht die unabhängige Arbeit beider Beine, mit der erst der hohe Kantendruck erhalten werden kann. Im Moment des Ausscherens ist es wichtig, daß das Talknie stark vor-bergwärts gedrückt ist und ausschließlich der Talski belastet wird. Es folgt das Abstoßen auf den ausgescherten Bergski, verbunden mit einem Aufrichten und schwunghaften Beidrehen des Talskis. Das Wegkippen des ganzen Körpers vom Hang kantet den Bergski um. Die Schwungsteuerung beginnt mit dem sofort einsetzenden Beugen des Außenbeines vor-bergwärts und wird durch ein dosiertes Beugen und Drehen des Außenbeines gegen die Hüfte fortgesetzt.
Mittelsteile Pisten eignen sich am besten, rennsportähnlich ins Tal zu gleiten.

Kurzschwung

Kurzschwung

Der Kurzschwung, die verkürzte Form des Hochschwunges, begeistert seit Jahrzehnten die Massen. Wer will nicht auch in flüssiger rhythmischer Folge bei ruhigem Oberkörper die Beine spielerisch und vollendet hin- und herpendeln lassen? Im Vergleich zum Hochschwung sind in der Schwungsteuerung die Beine schneller zu drehen, die Ski durch ein intensives Vor-Bergwärtsbeugen der Beine stärker aufzukanten und in der Schwungeinleitung im beidbeinigen Abstoßdrehen die Beine kräftiger zu strecken. Mit diesen Veränderungen kann auf engstem Raum unter guter Tempokontrolle auch auf unübersichtlichen Stellen sicher geschwungen werden. Den hohen ästhetischen Erwartungen wird auch beim Kurzschwung Genüge geleistet, das Rhythmisch-Spielerische kommt deutlich zum Tragen.
So wird der Kurzschwung auch in den nächsten Jahren für viele ein erklärtes Ziel sein, zumal damit steiles und extrem steiles Gelände bei gut präparierter Piste bewältigt werden kann. Kurzes Schwingen im flacheren Gelände ist dann das »Wedeln«, für viele der Inbegriff des Skifahrens.

Buckelpiste

Buckelpistenfahren

Buckelpisten sind im Zeitalter der maschinellen Pistenpflege selten, wenngleich in letzter Zeit einige Skiorte wieder dazu übergehen, wenigstens teilweise steilere Hänge nicht mehr mit der Pistenraupe zu glätten. Denn es gibt eine Vielzahl von Skifahrern, die voller Begeisterung dieser konditionell sehr anspruchsvollen Form des alpinen Skilaufs nachgehen. In der Technik gleicht das Buckelpistenfah-

Buckelpisten – Skivergnügen für den Könner

ren dem Tiefschwung mit den beiden Unterschieden, daß die Beine passiv durch den Buckel gebeugt werden, während sich der Oberkörper vortalwärts neigt und der Stock (zwischen Skispitze und Bindung gegen die Fahrtrichtung eingesetzt) eine stützende Aufgabe übernimmt. Das damit eingeleitete Drehen wird mit einem gelände- und tempoangepaßten aktiven Strekken der Beine und Aufrichten des Oberkörpers fortgesetzt, das jedoch nicht zur vollständigen Streckung führen darf. Somit ist trotz der vielseitigen Geländekombination ein zielgerichtetes und kontrolliertes Fahren bei ständigem Bodenkontakt möglich.

Zur Taktik der Spurwahl bieten sich zwei Wege an: Bei der Linie »über« den Buckel und durch die Mulde erfolgt der Drehbeginn auf dem höchsten Punkt eines Buckels, wenn die Schaufelspitzen gerade frei werden, das Steuern am fallenden Buckel und in der Mulde. Bei der Linie »um« die Buckel, also direkt in den Mulden, erfolgt sowohl das Auslösen wie das Steuern in der Mulde.

Zum Erlernen des Buckelpistenfahrens sollten flachere Pisten mit möglichst runden und nicht zu hohen Buckeln gewählt werden. Steile Bukkelpisten mit hohen und zum Teil recht eckigen Geländeformen sind nur für Könner geeignet.

Tiefschneefahren

Tiefschneefahren

Wen haben die romantisch verschneiten, glitzernden Tiefschneehänge abseits der gesicherten Pisten nicht schon gereizt? Lawinengefahr – höchste Gefahr fürs Leben – lauert in all diesen Hängen! Der Schritt ins »höchste Skifahrerglück« sollte erst gewagt werden, wenn eine Lawinenausbildung absolviert ist und die richtige Ausrüstung (Rucksack, eingeschaltetes Verschüttetensuchgerät, Lawinenschaufel, Rettungsdecke) gepackt ist. Nur dann kann das »Paradies auf Skifahrererden« genossen werden. In der verständlichen Begeisterung sollte man aber unbedingt an die Natur und die Tiere denken.

Zur Technik gibt es einige grundlegende Ratschläge:

1. Schwingen mit gleichmäßiger Belastung beider Beine und enger Skistellung, um nicht plötzlich mit einem Ski stärker einzusinken,
2. ausreichende Grundgeschwindigkeit,
3. angepaßter Krafteinsatz an die erhöhten Drehwiderstände,
4. sanfte, keine ruckartigen Bewegungen,
5. rhythmischer Spurplan nahe der Fallinie, um Kräfte zu sparen,
6. ideale Techniken: Hochschwung, Kurzschwung, Tiefschwung. Die Schwungauslösung kann erleichtert werden, wenn das Abstoß- bzw. Beugedrehen (Tiefschwung) rückwärts im Sinne einer Jetbewegung (Der Läufer nimmt eine leichte Rückenlage ein und läßt beim Richtungswechsel die Unterschenkel vorschnellen.) gerichtet ist.

Zum Erlernen des Tiefschneefahrens eignen sich Pisten mit einer lockeren Neuschneeauflage. Weiter geht es über flache Hänge, die zunehmend steiler werden, bis hin zu den steilen Hängen mit ergiebiger Neuschneeauflage.

Tiefschnee – Das Skierlebnis

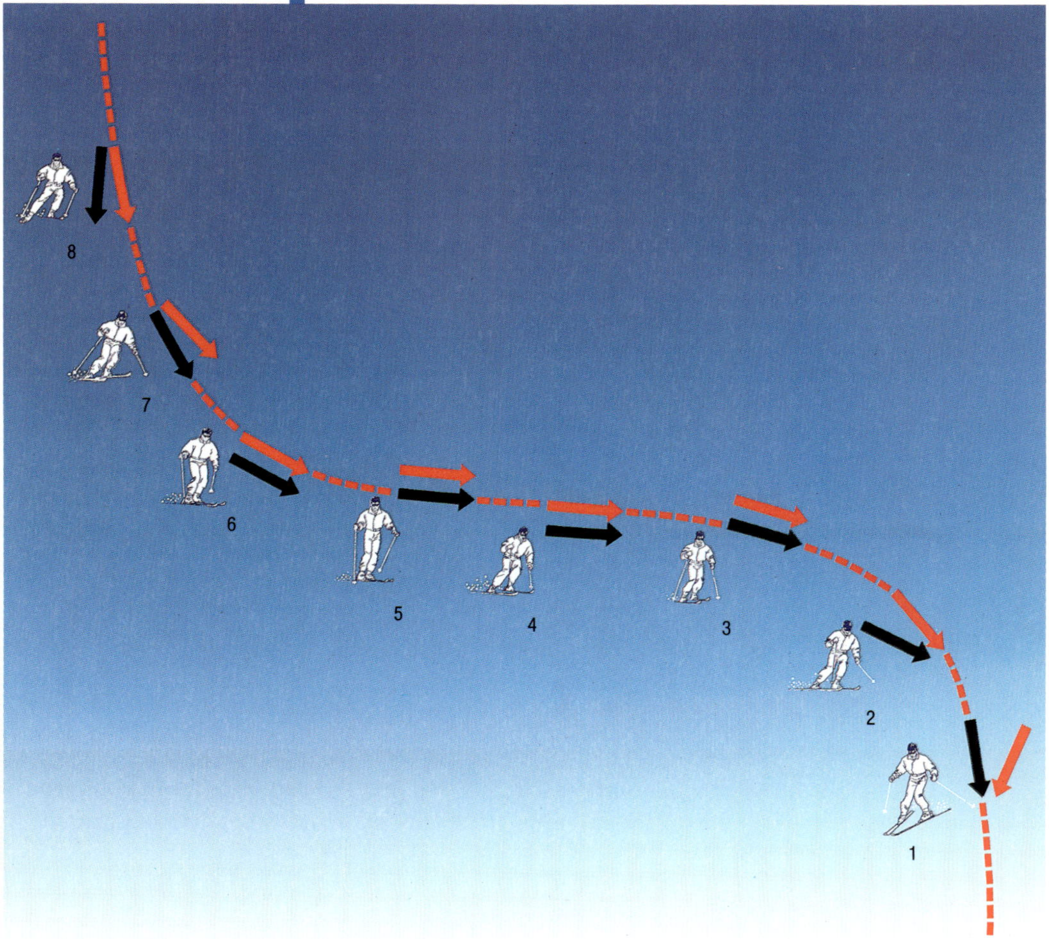

Die Schwungfamilie

Die obige Abbildung (nach Prof. Hoppblicher) zeigt die gesamte »Schwungfamilie« – von der Bergstemme 1 bis zum Scher-Umsteigen mit Öffnen des unteren Ski 8 – im Gesamtüberblick.
Die Pfeile veranschaulichen die Skistellung und die Belastungsverhältnisse während der Phase der jeweiligen Schwungeinleitung. Die roten Pfeile stellen dabei den jeweils stärker belasteten Ski dar.

1 Bergstemme
2 Talstemme
3 Paralell-Umsteigen oben
4 Paralell-Umsteigen unten
5 Hochschwung
6 Tiefschwung
7 Scher-Umsteigen oben
8 Scher-Umsteigen unten

TECHNIKEN FÜR DEN SKILANGLAUF

Klassische Technik (links) und freie Technik (rechts) des Skilanglaufs (Abb. oben)

Diagonalschritt (Abb. unten)

Die nachfolgenden Langlauftechniken sind nur mit der entsprechenden Ausrüstung (s. S. 58/59) möglich. Man unterscheidet die klassischen Techniken (Diagonalschritt, Doppelstockschub) und die freien Techniken (Siitonen und Skaten).

Diagonalschritt

Der Skilanglauf findet immer mehr Freunde. Das Gesundheitsbewußtsein prägt sich deutlicher aus, und viele Skiurlauber wechseln zwischen Ski alpin und Skilanglauf ab. Beide Disziplinen ergänzen sich bestens. Die Lauftechniken sind einfach erlernbar und können sehr rasch in den Loipen zur Fitneßsteigerung beitragen. Der beste Einstieg erfolgt über die Vorform des Diagonalschrittes, bei dem in einfachster Art, wie beim normalen Gehen, in rhythmischer Weise abwechselnd ein Bein und der gegengleiche Arm nach vorne bewegt werden. Dabei kann es zu einem kurzen Gleiten

auf beiden Ski kommen. Arme und Stöcke dienen als Stütz- und Gleichgewichtshilfe. Es ist die Technik des Skiwanderers, der sich mit diesem ruhigen Gleitschritt die Natur erschließen kann.

Vom Gehen mit Gleiten zum Gleiten mit Laufen gelangt man, indem immer mehr der Beinabstoß, vom belasteten Abstoßski unterstützt, durch den gegenüberliegenden Arm-Stockabstoß verstärkt wird. Damit wird das Einbeingleiten ermöglicht, vorausgesetzt, die Gleitsicherheit ist bereits ausreichend gefestigt. Nach dem Abstoß pendeln Bein und Arm nach hinten aus, um anschließend wieder locker und beschleunigt nach vorne zu schwingen. Der Fuß wird kurz hinter dem Gleitfuß wieder in die Spur gesetzt. Durch Beugen der Beine und des Oberkörpers wird der nächste Beinabstoß vorbereitet. Die Gesamtbewegung läuft in rhythmischer Folge ab. Der Diagonalschritt wird vorrangig in der ebenen Spur und im nicht zu steilen Anstieg gelaufen.

Doppelstockschub

Doppelstockformen sind gebräuchliche Techniken des Skilanglaufs. Sie werden bei höheren Geschwindigkeiten im leicht fallenden Gelände gelaufen, wenn der Diagonalschritt kaum mehr beschleunigungswirksam ist. Die modernen Skibeläge und die häufig ausgezeichneten konditionellen Fähigkeiten der Läufer erlauben zum Teil auch den Einsatz in der Ebene. Im Beidbeingleiten mit aufgerichtetem Oberkörper schwingen die nahezu ausgestreckten Arme

Doppelstockschub

nach vorne und werden beidseits je nach Geschwindigkeit zwischen Skispitze und Bindung eingesetzt. Anschließend wird durch das kräftige Herabbeugen des Oberkörpers, verbunden mit Beugen und Strecken der Arme, Vortrieb erzeugt. Die Arme pendeln nach hinten aus, der Oberkörper richtet sich wieder auf, und die Arme schwingen locker nach vorne.
Reicht der Doppelstockschub ohne Zwischenschritt zur Beschleunigung nicht, weil das Tempo zu hoch ist, kann der Doppelstockschub mit einem Beinabstoß kombiniert werden. Die Technik läuft folgendermaßen ab:

1. Beinabstoß mit Vor-Hochschwingen beider Arme und Auspendeln des Abstoßbeines nach hinten,
2. Stockeinsatz mit Herabbeugen des Oberkörpers und schwunghaftes Vorbringen des Abstoßbeines bis knapp hinter den Gleitfuß,
3. Beidbeingleiten mit Beugen und Strecken der Arme,
4. Oberkörper aufrichten, Arme nach vorne schwingen, Abstoß vom anderen Bein.

Siitonen

Siitonenschritt

Pauli Siitonen, ein berühmter finnischer Langläufer, bewies 1978 als erster, daß man mit Doppelstockschub, Halbschlittschuhschritt und ohne Steigwachs auch Volksläufe über lange Distanzen durchhalten kann. Der Halbschlittschuhschritt wurde in Würdigung seiner Leistung nach ihm benannt. Dabei handelt es sich um die Kombination von halben Schlittschuhschritten mit Doppelstockschüben. Ein Ski gleitet in der Spur und trägt das Körpergewicht. Vom anderen nicht zu groß ausgestellten Ski erfolgt gleichzeitig mit dem Doppelstockschub der Abstoß bis zur vollen Beinstreckung, der zu einem Strecken des Gleitbeines führt. Der unbelastete Abstoßski wird anschließend wieder an das gleitende Bein herangeführt.

Skaten

Im Schlepptau der Siitonentechnik erlebten auch die Schlittschuhschrittechniken einen enormen Aufschwung, der schließlich zur Genehmigung aller Schlittschuhschrittvarianten durch den internationalen Skiverband führte. Es wurden getrennte Wettbewerbe zur klassischen (Diagonalschritt und Doppelstockschub) und zur freien Technik (Siitonenschritt und Skaten) eingeführt. Die Industrie reagierte sofort und entwickelte für den Siitonenschritt und das Skaten eigene Ski, Schuhe, Bindung und Stöcke (s. S. 58–59).

Skaten

Mit Skaten sind zunächst alle Schlittschuhschrittvarianten gemeint. Der Schlittschuhschritt mit Doppelstockschub auf jeden zweiten Beinabstoß ist hiervon die am meisten angewandte Schlittschuhschrittechnik. Sie wird von den Experten auch am häufigsten mit dem Begriff Skaten in Verbindung gebracht. Die Bewegung ist durch eine vollständige Gewichtsverlagerung von einem auf das andere Bein gekennzeichnet, unterstützt durch einen Doppelstockschub, der immer mit dem Abstoß vom gleichen Bein (z. B. linken oder rechten) zusammenfällt.
Logischerweise ist die auf den Beinabstoß mit Doppelstock folgende Gleitphase länger, vor allem, wenn der Ausstellwinkel (Scherstellung) des Gleitbeines möglichst klein gehalten wird. Der anschließende Abstoß von diesem Bein ohne Stockunterstützung fällt schwächer aus. Der Einsatz der Stöcke erfolgt leicht versetzt, d. h. der Stock der Gleitbeinseite wird weiter vorne eingesetzt. Skaten kann in der Ebene wie im Anstieg verwendet werden. Die wesentlichen Unterschiede zur Ebene sind:

1. größere Ausstellwinkel,
2. kürzere Gleitphasen,
3. kräftiger Doppelstockschub, bei dem die Arme nicht völlig gestreckt werden.

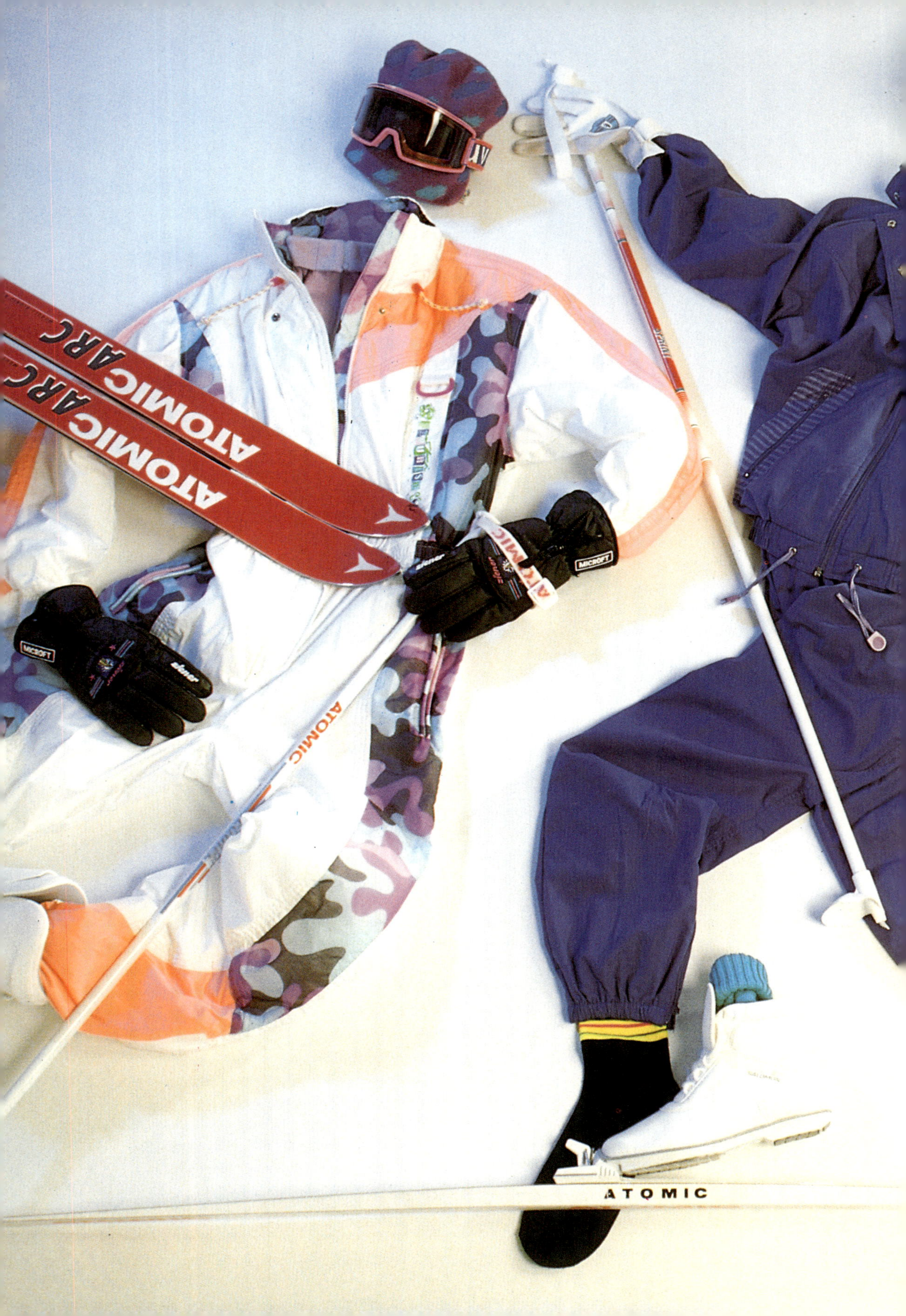
ATOMIC ARC
ATOMIC ARC
MICROFT
MICROFT
ATOMIC
ATOMIC

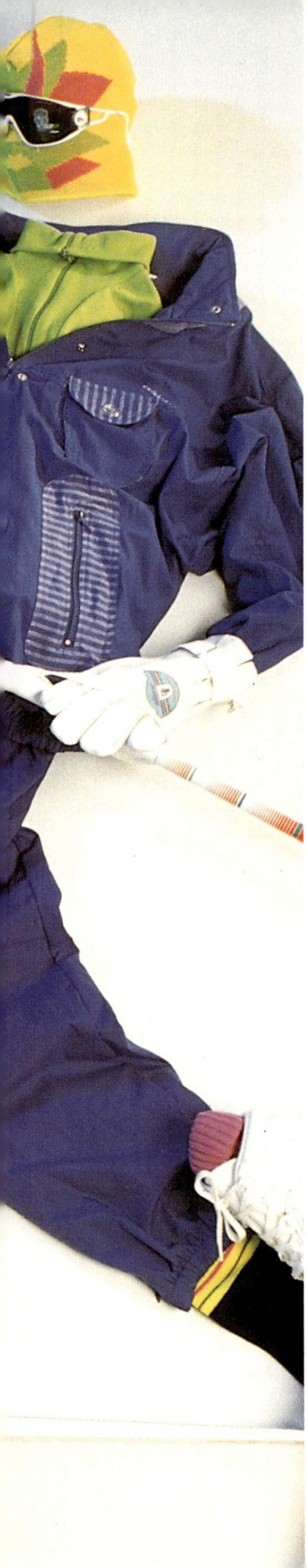

AUSRÜSTUNG

SKI ALPIN

Vollendeter Spaß ist nur mit einer guten Ausrüstung möglich. Sie muß nicht teuer sein, sollte aber zweckmäßig sein. Mit einigen Tips wird der Einkauf erleichtert.

Bekleidung

Skifahren wird in der freien Natur ausgeübt. Entsprechend sollte die Kleidung vor Kälte und Nässe schützen, wasserabstoßend, aber atmungsaktiv sein und Bewegungsfreiheit gewährleisten. Schweißsaugende Unterwäsche, nicht zu kleine Handschuhe mit eigenen Seidenhandschuhen für besonders Kälteempfindliche und eine gute Sonnen- bzw. Schneebrille gehören ebenfalls zur Ausrüstung.

Ski

Bei der Wahl der Ski kann ein erster Anhaltspunkt die genormte Zielgruppenbeschreibung **S – A – L – I** sein. (**S** steht für den sportlichen Ski eines Könners, **A** gilt für den Allround-Ski und **L** für den Leichtschwungski des Lernenden. Der Trickskifahrer bzw. der Hochleistungssportler wird seinen Ski unter der Kategorie **I** finden.) Zusätzlich sollte aber ein guter Fachverkäufer zu Rate gezogen werden.

Empfehlungen zur Skilänge richten sich nach dem Fahrkönnen:

S–Ski	15 – 25 cm über Körpergröße
A–Ski	5 – 15 cm über Körpergröße
L–Ski	-10 – + 5 cm über Körpergröße

Nach der richtigen Wahl ist nur mehr wichtig, die Ski während der Autofahrt mit einem Skisack vor Streusalz und Schmutz zu schützen und sie regelmäßig zu pflegen, d. h. den Belag auszubessern, die Lauffläche zu wachsen und die Kanten zu schleifen.

Bindung

Nachdem heute alle Bindungen den internationalen Sicherheitsnormen entsprechen und eine integrierte Skibremse haben, ist bei der Auswahl lediglich zu beachten, daß die Auslösewerte dem Körpergewicht entsprechen. Die Daten sollten Sie sich auf einer Einstellkarte aushändigen lassen. Die Montage und Einstellung ist Sache des Fachhändlers.

Skischuh

Die Wahl des richtigen Skischuhs ist schwierig. Ein erstes Augenmerk gilt den DIN-

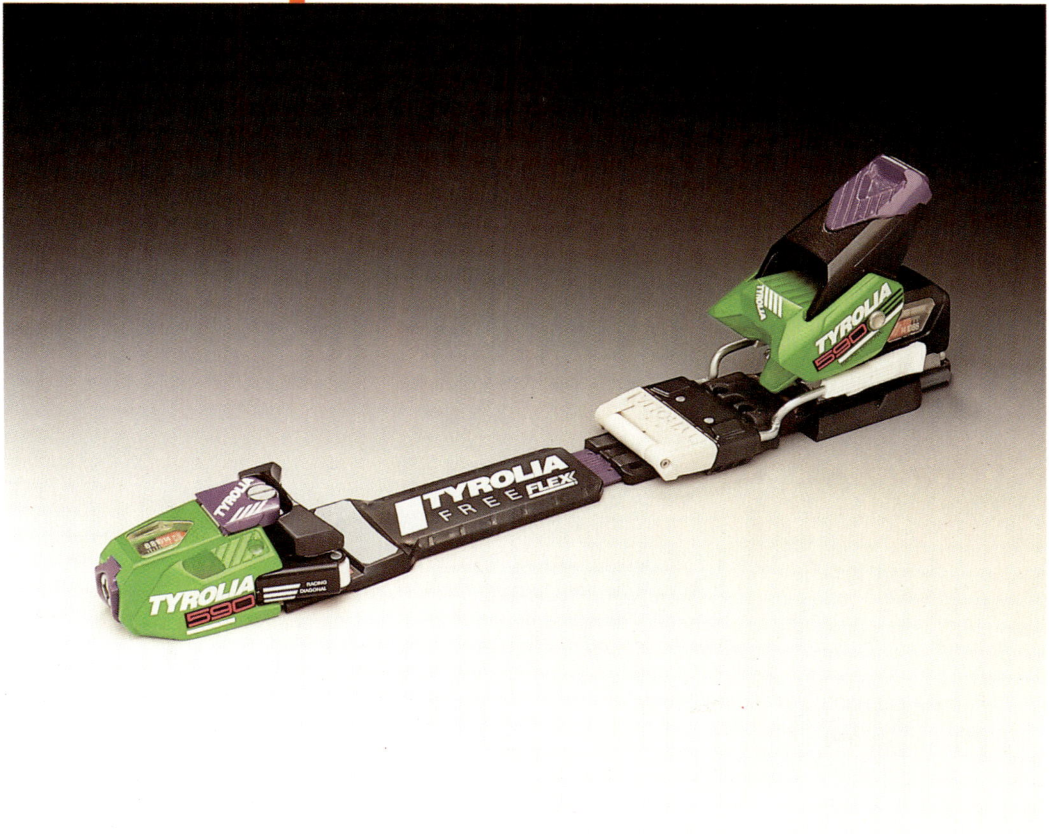

Eine der derzeit modernsten Skibindungen, mit Diagonaltechnik im Vorderbacken und im Fersenautomat. Freeflex befreit den Ski von Versteifungen

Normen, die die Schuhe wie die Ski einem bestimmten Fahrkönnen zuordnen.

S – A – L – I

Bei der Wahl des Schuhes sollte man sich viel Zeit nehmen, denn über die Paßform kann immer erst entschieden werden, wenn der Innenschuh erwärmt ist. Ein Paar Socken reicht bei der Anprobe aus. Die Schuhgröße stimmt, wenn bei geschlossenem Stiefel, auf einem Bein stehend und das Knie nach vorne gedrückt, die Zehen frei bewegt werden können.

Skistock

Der Skistock sollte möglichst leicht sein, mit Sicherheitsgriff und -schlaufe versehen. Ob der Stock den Normen entspricht, erkennt man an der Prüfmarke. Getestete Stöcke tragen das GS-Zeichen. Für die richtige Stocklänge gilt: waagrechter Unterarm bei gefaßtem Stock.

SKILANGLAUF

Bekleidung

Schicke Mode ist auch bei den Langläufern in und erfreut sich großer Beliebtheit. Allerdings sollte der Zweckmäßigkeit der Kleidung mehr Wert beigemessen werden als dem Modeaspekt. Die Unterwäsche sollte aus einem hautfreundlichen, elastischen Material hergestellt sein, das die Feuchtigkeit nach außen an die darüberliegende Kleidungsschicht abgibt. Das Unterhemd muß lang genug sein, um den Rücken zu bedecken. Ein einteiliger Skilanglaufanzug hilft, Problemen im Rükken und an den Knien vorzubeugen. Bei zweiteiligen Anzügen sind Hosen mit hochgezogenem Rückenteil zu empfehlen. Die großen Bewegungsradien im Skilanglauf erfordern ein hochelastisches Material, das zusätzlich wasserdampfdurchlässig ist. Großer Wert sollte auf gut sitzende, leichte Handschuhe und Strümpfe gelegt werden.

Ski

Die Wahl der Ski für die klassischen Techniken (Diagonalschritt, Doppelstockschub) erleichtert die Zielgruppenbeschreibung **S – A – L – W – I** der Langläufer. Wieder steht **S** für die sportlich ambitionierte Verwendung. Es handelt sich um einen schmalen, besonders für die Loipe geeigneten Ski. **A**-Ski werden als Allrounder, als Alleskönner eingestuft und sind sowohl in der Loipe als auch in ungespurtem Schnee

Funktionell und schick – kein Widerspruch

einsetzbar. Freizeitsportlich orientierte und gesundheitlich motivierte Läufer werden mit dem **L**-Ski die richtige Wahl treffen. Der **W**-Ski ist relativ schwer und breit. Als Wander- und auch als Anfängerski soll man sich mit ihnen auch in ungespurtem Schnee gut fortbewegen können. Der **I**-Ski wiederum berücksichtigt individuelle Wünsche wie beispielsweise die der Rennskiläufer. Lange Ski gleiten besser und lassen sich einfacher führen. Längen um 2,10 m sind für Erwachsene am besten geeignet. Prinzipiell gilt: für Damen 25 – 30 cm über Körpergröße und für Herren 30 – 40 cm über Körpergröße. Der Rat des Fachverkäufers kann weiterhelfen, die richtigen Wachs- oder Steighilfeski zu finden.
Für die freien Techniken (Siitonen, Skaten) werden von den Firmen spezielle Ski mit härteren Innenkanten, ohne Steighilfe und mit schnellen Belägen hergestellt. Zur Skilänge gibt es noch einige Auffassungsunterschiede. Der Großteil der Experten empfiehlt als Skilänge 15 – 20 cm über Körpergröße.

Schuh-Bindungs-System

Der Langlaufschuh muß den Zehen genügend Platz und der Ferse einen guten Sitz gewähren. Eine feste Sohle verhindert das Verwinden des Schuhes und erlaubt eine exakte Skiführung. Im unteren Bereich sollen Schuhe wasserdicht sein und vor Kälte schützen. Für die Zielgruppen **W, L, A** sind knöchelhohe, gut gefütterte Schuhe angemessen. Ist der richtige Schuh gefunden, ist die Wahl der Bindung relativ einfach, weil die meisten Firmen zum Schuh die entsprechende Bindung liefern. Die Montage ist selbstverständlich wieder Sache des Fachhändlers.

Skistock

Die Skistöcke sollen leicht sein mit rauher Griffoberfläche, verstellbarer Schlaufe und einem Halbteller, der zu tiefes Eintauchen verhindert. Für die Stocklänge können folgende Empfehlungen gegeben werden:
Zielgruppe **A, L, W:**
Der Stock soll gerade unter den waagrecht ausgestreckten Arm reichen.
Zielgruppe **S, I:**
Der Stock wird in der Schlaufe gefaßt und die Stockspitze vor die Fußspitze gestellt. Richtig ist die Stocklänge dann, wenn der nach vorne ausgestreckte Arm leicht nach unten von der Waagrechten abweicht.
Skaten:
Als Stocklänge werden 85 – 90 % der Körpergröße empfohlen.

PRAXIS- UND ÜBUNGSTEIL

ÜBUNGS-ZUSAMMENSTELLUNG

Auf dem Weg zum regelmäßigen Training soll dieses Buch ein praktischer Begleiter sein. Es hält die wesentlichen Übungen aus der Fernseh-Teleski-Serie in Wort und Bild fest und gibt dem Interessenten die Möglichkeit zu zusätzlichen Trainingseinheiten.
Im folgenden Praxisteil finden Sie Übungsblöcke, die für das individuelle Heimtraining (ohne Gerät und ohne Partner!) geeignet sind.
Alle näheren Angaben zur jeweiligen Übungsausführung, Wiederholungszahl, Übungsintensität usw. sind in den einzelnen Trainingsprogrammen enthalten.
Im Gegensatz zu früheren Teleski-Sendungen stehen Imitationsübungen nicht mehr so stark im Vordergrund. Imitationsübungen verbessern zwar grundsätzlich die Koordination (s. auch S. 82–86), sie haben aber auf die skifahrerische Entwicklung nicht soviel Einfluß, wie bislang angenommen wurde.
Es würde bei weitem den Umfang dieses Buches sprengen, würden wir versuchen, Ihnen Trainingsprogramme anzubieten, die allen individuellen Ansprüchen gerecht würden. Dazu sind die Trainingsintensität und der Trainingsumfang zu sehr von den persönlichen Voraussetzungen und der persönlichen Zielsetzung des Trainierenden abhängig.
Grundsätzlich sollten Sie jedoch darauf achten, daß Ihre persönliche Trainingszusammenstellung immer aus folgenden Blöcken besteht:
1. Aufwärmen,
2. Stretching (Dehnung),
3. Kräftigung,
4. Herz-Kreislauf-Belastung,
5. Abwärmen (Auslockern).

Je nach Trainingszustand und wieviel Zeit Sie zur Verfügung haben, sollten Sie sich immer aus allen Bereichen des Übungsangebots zumindest eine, noch besser aber gleich mehrere Übungen heraussuchen, so daß alle wichtigen Muskelpartien belastet und trainiert werden.

Aufwärmen

Zu Beginn jeder Trainingseinheit sollte grundsätzlich ein fünf- bis zehnminütiges Aufwärmprogramm stehen. Dieses Übungsprogramm soll Sie auf das eigentliche Training vorbereiten und einstimmen. Bringen Sie dabei Ihr Herz-Kreislauf-System und Ihre Muskulatur in Schwung, indem Sie mit einfachen Übungen Ihre Pulsfrequenz stetig erhöhen. Intensive Belastungen und ruckartige Bewegungen haben im Aufwärm-

Aufwärmen

programm nichts zu suchen! Geeignet für das Heimtraining sind alle Lauf- und Sprungübungen »am Ort«, die Ihnen aus der Teleski-Serie bekannt sind. Nicht die Perfektion der Ausführung ist hier wichtig, sondern allein die Anregung des Herz-Kreislauf-Systems und die verstärkte Durchblutung der Muskulatur. Normalerweise gehören zum Aufwärmen auch Dehnungsübungen, denen wir aber aufgrund ihrer wichtigen Funktion in diesem Buch ein eigenes Kapitel eingeräumt haben. In unseren Trainingsprogrammen folgen die Dehnungsübungen stets unmittelbar dem jeweiligen Aufwärmblock. Gelingt es Ihnen, die Belastung in der Aufwärmphase kontinuierlich zu erhöhen, so sind Sie für das bevorstehende Training bestens gerüstet.

Stretching

Stretching

Stretching, die moderne Dehnungsgymnastik, gewinnt in Sport und Rehabilitation immer mehr an Bedeutung. Es kann als leichtes Stretching (engl. to stretch = dehnen) zum Aufwärmen und Abwärmen der Muskulatur verwendet werden, wobei es günstig ist, ein kurzes allgemeines Aufwärmen vorzuschalten.

Dadurch fördert es die Regeneration, senkt die Muskelspannung, beseitigt Stoffwechselschlacken schneller und beugt Verletzungen sowie dem Muskelkater vor.
Stretching kann nach verschiedenen Techniken ausgeführt werden, von denen in diesem Buch das passive statische Dehnen favorisiert wird, mit dem die normale Muskellänge ausreichend erhalten werden kann. Aus den abgebildeten Dehnstellungen heraus wird die Dehnung gefühlvoll verstärkt und 15 – 30 Sekunden gehalten. Ein leichtes Ziehen in der Muskulatur ist normal, sollte aber nicht übertrieben werden. Die Atmung läuft dabei ruhig und tief weiter.
Mit regelmäßigen Dehnübungen bleiben Muskeln, Sehnen und Bänder elastisch und sind somit besser vor Zerrungen und Rissen geschützt. Ein weiterer Aspekt ist die Erhöhung der Arbeitsbereitschaft und Leistung eines gut vorgedehnten Muskels (vgl. S. 24–25).
Stretching verbessert daneben auch noch die Beweglichkeit der Gelenke, steigert insgesamt die Bewegungsharmonie sowie -ökonomie und verhilft zu einer bewußten Atemtechnik.
In den Fernsehserien können die vorgeschlagenen Haltezeiten selten eingehalten werden. Zu Hause sollte aber möglichst die angegebene Haltezeit (15 – 30 Sekunden) praktiziert werden.

Stretching-Übungen

Vordere Oberschenkelmuskulatur

1 Aus dem Schrittknien hinteren Fuß zum Gesäß ziehen
Hinweis: Die Hüfte nach vorne schieben und in gestreckter Position fixieren

2 Aus dem Kniestand Oberkörper nach hinten neigen, bis die Hände die Fersen oder den Boden berühren
Hinweis: Diese Übung dehnt ebenfalls Teile der Hüft- und Bauchmuskulatur

3

3 Aus dem Liegestütz rücklings die Beine anhocken, Hüfte anheben und die Knie nach vorne schieben
Variation: Werden die Arme weiter hinter dem Körper aufgesetzt, werden daneben auch noch Brust- und Schultergürtelmuskulatur gedehnt

4

Hintere Oberschenkelmuskulatur

4 Aus dem Kniestand ein Bein gestreckt nach vorne abspreizen und den Oberkörper vorbeugen
Variation: Durch Anziehen des vorgestreckten Fußes wird die Dehnung, vor allem in der Wadenmuskulatur, verstärkt

5

5 Aus der Rückenlage ein Bein beugen, mit den Händen umfassen und dann nach oben strecken
Variation: Durch Anziehen des Fußes wird die Dehnung, vor allem der Wadenmuskulatur, noch verstärkt

6

7

8

Innere und äußere Oberschenkel- bzw. Hüftmuskulatur

6 Seitausfallschritt, bis ein Dehnreiz an der Oberschenkelinnenseite spürbar wird.
Hinweis: Nicht zu schnell oder gar ruckartig in den Seitausfallschritt absenken

8 Aus dem Ausfallschritt das Körpergewicht nach vorne verlagern, während der Oberkörper aufrecht bleibt
Hinweis: Die Hände auf den vorderen Oberschenkel legen

7 Aus der Kreuzschrittstellung Oberkörper zur Seite beugen. Der äußere Arm verstärkt den Dehnreiz, indem er über den Kopf nach schräg oben zieht
Hinweis: Darauf achten, daß weder Oberkörper noch Hüfte seitlich ausweichen. Verbreitern der Kreuzschrittstellung, intensiviert die Dehnung

9

Untere Rückenmuskulatur

9 Aus der Rückenlage die angewinkelten Beine zur Seite ablegen, die Arme in Nackenhalte
Hinweis: Darauf achten, daß beide Schulterblätter am Boden bleiben

10

11

10 Aus dem Sitz seitlich neben den angewinkelten Beinen den Oberkörper nach hinten drehen
Hinweis: Kopf und Rücken gerade halten, einen Fixpunkt mit den Augen suchen

Brust-, Schultergürtel- und Armmuskulatur

11 Im Stand einen Arm in der Hochhalte hinter dem Kopf abwinkeln und mit der Gegenhand den Ellbogen zur Seite ziehen
Hinweis: Bei dieser Übung wird auch der äußere Anteil des breiten Rückenmuskels gedehnt

12

12 Aus dem Sitz mit leicht angewinkelten Beinen die Hände schulterbreit hinter dem Körper aufsetzen. Die Finger zeigen nach hinten vom Körper weg. Gesäß langsam Richtung Fersen schieben
Hinweis: Dehnungsvariation durch Veränderung des Abstandes der Hände

1.

2.

Stretching-Übungen auf Ski

1. Aus dem Stand ein Bein nach hinten abbeugen (Skispitze im Schnee)
   Hauptwirkung: Vordere Oberschenkelmuskulatur

2. Aus dem Stand ein Bein nach vorne strecken (Skiende im Schnee)
   Hauptwirkung: hintere Oberschenkelmuskulatur

3.

3. Aus dem Stand Seitausfallschritt
   Hauptwirkung: innere Oberschenkelmuskulatur

4.

4. Aus der Kreuzschrittstellung den Oberkörper zur Seite des vorgestellten Beines beugen
   Hauptwirkung: äußere Hüft- und äußere Oberschenkelmuskulatur

5.

5. Aus dem mittleren Grätschstand Oberkörper nach vorne beugen und die gestreckten Arme gegen die Skistöcke drücken
   Hauptwirkung: Schulter-, Brust- und breite Rückenmuskulatur

6.

6. Aus dem Stand ein Bein nach vorne schieben
Hauptwirkung: vordere Hüft- und innere Oberschenkelmuskulatur

7.

7. Aus dem hüftbreiten Stand in die tiefe Hocke absetzen
Hauptwirkung: vordere Oberschenkel-, Gesäß- und untere Rückenmuskulatur

8. Aus dem Stand ein Bein überkreuzen, Rumpfbeuge vorwärts
Hauptwirkung: hintere Beinmuskulatur, Gesäß- und untere Rückenmuskulatur

9. Aus dem Hocksitz die Hände schulterbreit hinter dem Körper aufsetzen. Finger zeigen vom Körper weg. Vorschieben des Körpers, bis die Arme nach hinten gestreckt sind
Hauptwirkung: Schultergürtel-, Brust- und Oberarmmuskulatur

9.

10.

10. Aus der Rückenlage die Hüfte mit Hilfe der seitlich aufgestützten Arme anheben bis zur dosierten Überstreckung der Lendenwirbelsäule
Hauptwirkung: vordere Oberschenkel-, Hüft- und Bauchmuskulatur

Krafttraining

Kraft ist für das Skifahren und Skilanglaufen eine wichtige Voraussetzung. War man früher der Meinung, das Krafttraining für diese Sportarten auf die Beine konzentrieren zu müssen, so empfiehlt die moderne Trainingslehre dem alpinen und nordischen Skiläufer ein allseitiges Muskelkrafttraining für den gesamten Körper.
Die für Sie ausgewählten, funktionsgymnastischen Kraftübungen entwickeln grundlegende Kraftfähigkeiten, die für das Skifahren und Skilanglaufen völlig ausreichen. Sie sind so zusammengestellt, daß der Körper vielseitig ausgebildet wird.
Sollte eine Verbesserung der Maximalkraft angestrebt werden, sind wegen der geringen Widerstände gymnastische Übungen ungeeignet. Hierzu werden Kraftmaschinen notwendig, bei denen Belastungen mit höheren Widerständen durchgeführt werden können.

»Radfahren«

Kräftigungsübungen

Beinmuskulatur

1a

1 (a) Einbeinige Kniebeugen aus dem Stand
1 (b) Variation: Das nicht belastete Bein ist nach vorne abgestreckt
Hinweis: Bei Gleichgewichtsproblemen an der Wand o. ä. abstützen

1b

2

2 Einbeinige Absprünge aus der Hocke im Wechsel links – rechts
Variation: Ganze Serie auf dem gleichen Bein, anschließend Wechsel
Hinweis: Auf weiche Landung achten

3a

3 (a) Abfahrtshocke
3 (b) Variation: Mit einem Partner Rücken an Rücken
Hinweis: Die Arme nicht auf die Oberschenkel stützen

3b

4

4 Im Schneidersitz gegen den Widerstand der verschränkten Arme versuchen, die Knie zusammenzudrücken
Variation: Aus dem Sitz Fußsohlen zueinander, die Hände drücken auf die Knieinnenseiten; gegen diesen Widerstand versuchen, die Knie anzuheben

5

Bauchmuskulatur

5 Rumpfeinrollen (Bauchpressen) mit angewinkelten Beinen (Unterschenkel-Oberschenkel 90°), Arme nach vorne gestreckt
Variation: a) Arme in Nackenhalte
b) Ein Bein nach oben abgestreckt
c) Rechter Ellbogen in Richtung linkes Knie und umgekehrt
Hinweis: So einrollen, daß der obere Beckenkamm noch Bodenkontakt hat

6

7

6 Aus der Rückenlage bei aufgestellten Füßen, den Oberkörper leicht anheben und mit der Hand gegen das gegenüberliegende Knie drücken
Hinweis: Oberkörper nur soweit anheben, daß bei gestrecktem Arm das Knie erreicht werden kann

7 Aus der Rückenlage Hüfte und Knie 90° anwinkeln, Becken heben und senken
Hinweis: Diese Übung kräftigt gleichzeitig auch die Rückenmuskulatur

8 »Radfahren« aus dem Sitzen mit Abstützen der Hände
Variation: Arme in der Nackenhalte
Hinweis: Wenn möglich, die Füße während der gesamten Übung nicht ablegen

Rücken- und Gesäßmuskulatur

9 Aus der Rückenlage mit Stütz auf den Unterarmen das Becken vom Boden heben
Hinweis: Becken heben, bis die Hüfte gestreckt ist (nicht überstrecken!)
Halteübung: Je Serie 10 Sekunden halten

10 Aus der Rückenlage ein Bein beugen und umfassen, Gesäß abheben
Hinweis: Wenn Sie es nicht schaffen, das Gesäß abzuheben, beginnen Sie zunächst mit der obigen Übung
Halteübung: Je Serie und Seite 6 – 8 Sekunden halten

11 Aus der Rückenlage mit angewinkelten Beinen das Becken heben
Hinweis: Hüfte nicht überstrecken
Halteübung: Je Serie 10 Sekunden halten

12

12 Aus der Bankstellung Arm und gegengleiches Bein bis zur Waagrechten strecken
Hinweis: In der Endposition die Hüfte nicht seitlich aufdrehen, und das gestreckte Bein nicht nach außen drehen
Halteübung: Je Serie und Seite 10 Sekunden halten

13a

13b

13 a Aus der Bankstellung Oberkörper frei schwebend halten, die Arme und die Wirbelsäule strecken

13 b Variation: Mit Rumpfdrehen
Hinweis: Knie mindestens schulterbreit geöffnet
Halteübung: Je Serie 6 – 8 Sekunden halten

14

14 Aus der Seitlage, auf einen Unterarm gestützt, Becken heben, und das äußere Bein nach oben abspreizen
Hinweis: Den ganzen Körper strecken; Kräftigung der Rumpfmuskulatur und der gesamten Beinmuskelkette
Halteübung: Je Serie und Seite 6 – 8 Sekunden halten

15a

Schulter-, Brust- und Armmuskulatur

15 a Liegestütz aus dem Kniestand
15 b Variation: Liegestütz gestreckt
15 c Liegestützspinne (breite Arm- und Beinstellung)
Hinweis: Rücken gerade halten, kein Hohlkreuz

15b

15c

16a

16 a Armbeugen und -strecken im Liegestütz rücklings
16 b Variation: Ein Bein nach vorne oben abstrecken

16b

17

Hals- und Nackenmuskulatur

17 Isometrische Anspannung der seitlichen Halsmuskulatur gegen die Hand
Hinweis: Hand am Hals nahe Kiefernbogen ansetzen, Kopf nicht zur Seite neigen
Halteübung: Je Serie und Seite 12 – 15 Sekunden

Herz-Kreislauf-Belastung

Im Theorieteil dieses Buches wurde auf die intensiven Belastungen beim Skifahren und Skilanglaufen hingewiesen. Die alpine Höhenlage, die körperliche Belastung oder die häufigen Streßsituationen erfordern eine gründliche Vorbereitung. Die beste Form, sich auf diese Belastungen einzustellen, ist das Ausdauertraining. Gymnastische Übungen können hier nur einfachste Grundlagen schaffen. Viel besser ist es, in der Natur zu laufen, Schwimmen zu gehen, radzufahren oder andere Ausdauersportarten zu betreiben.

Folgende Richtwerte können gelten (nach Grosser, s. Tab.). Selbstverständlich ist die tägliche Belastung die idealste Trainingsform. Zu beachten ist, daß den genannten Zeiten immer eine kurze Aufwärmphase von ca. 5 Minuten vorausgehen sollte, um die gewünschte Herzfrequenz zu erreichen und um Verletzungen zu vermeiden. Bevor aber mit dem Ausdauertraining begonnen wird, ist es dringend angeraten, sich von einem Arzt untersuchen zu lassen. Neben einer gründlichen medizinischen Untersuchung sollte auch ein Belastungstest auf einem Laufband oder einem Fahrradergometer durchgeführt werden, um neben der Unbedenklichkeitsbestätigung auch die Trainingsherzfrequenz mitgeteilt zu bekommen. Mit der exakt festgelegten Pulsfrequenz kann dann wesentlich gezielter der oben beschriebene Belastungsumfang durchgeführt werden.

	Minimalprogramm	Optimalprogramm
Herzfrequenz	Pulsfrequenz bei 60 % der maximalen Sauerstoffaufnahme (s. S. 20)	Pulsfrequenz bei 80 % der maximalen Sauerstoffaufnahme (s. S. 20)
Belastungs-umfang	täglich 10 Minuten oder pro Woche 4 x 15 Minuten oder 3 x 20 Minuten	täglich 30 Minuten oder pro Woche 5 x 40 Minuten oder 3 x 50 Minuten

Herz-Kreislauf-Übungen

Die Belastungsintervalle sind für drei unterschiedliche Leistungsgruppen angegeben:
Untrainierte (U): ohne bisherige sportliche Betätigung
Trainierte (T): regelmäßiges Sporttreiben, 2 x die Woche
Sehr gut Trainierte (S): leistungsorientiert, mindestens 4 x die Woche

Die Belastungsdauer ist einmal als Zeitintervall und einmal als Übungswiederholungsanzahl angegeben. Sie können zwischen beiden Formen wählen, da die Belastungsintensität für Ihr Herz-Kreislauf-System jeweils gleich ist.

1 Umsteigesprünge
Variation: Mit seitlichem ein- oder beidarmigen Hinuntergreifen
Belastungsintervall:
Untrainiert (U): 15 Sekunden
(15 Wiederholungen/Seite)
Trainiert (T): 30 Sekunden
(30 Wiederholungen/Seite)
Sehr gut trainiert (S):
45 Sekunden
(45 Wiederholungen/Seite)

2 Wedelhüpfen
Mit seitlichem ein- oder beidarmigen Hinuntergreifen
Belastungsintervall:
U: 10 Sek. (10 Wdhl./Seite)
T: 20 Sek. (20 Wdhl./Seite)
S: 30 Sek. (30 Wdhl./Seite)

3 Beidbeiniges Hüpfen am Ort mit Verwinden der Hüfte
Belastungsintervall:
U: 15 Sek. (10 Wdhl./Seite)
T: 30 Sek. (20 Wdhl./Seite)
S: 45 Sek. (30 Wdhl./Seite)

4 Schrittspringen im Liegestütz
Belastungsintervall:
U: 10 Sek. (8 Wdhl./Seite)
T: 20 Sek. (15 Wdhl./Seite)
S: 30 Sek. (25 Wdhl./Seite)

5 Pflugspringen
Belastungsintervall:
U: 20 Sek. (20 Wdhl./Seite)
T: 40 Sek. (40 Wdhl./Seite)
S: 60 Sek. (70 Wdhl./Seite)

6 Aus dem Hockstand mit aufgestützten Händen in die Grätschstellung springen
Belastungsintervall:
U: 10 Sek. (8 Wdhl./Seite)
T: 20 Sek. (15 Wdhl./Seite)
S: 30 Sek. (20 Wdhl./Seite)

7 Hampelmannsprünge
Variation: Mit Überkreuzen der Beine
Belastungsintervall:
U: 15 Sek. (15 Wdhl./Seite)
T: 30 Sek. (30 Wdhl./Seite)
S: 45 Sek. (45 Wdhl./Seite)

8 Aus dem Stand mit Armseithalte, Beinschwingen seitwärts (nach außen), Fußspitze berührt Gegenhand
Variation: Bein vorhoch spreizen, Arme in Vorhalte
Hinweis: Im Wechsel links und rechts
Belastungsintervall:
U: 15 Sek. (6 Wdhl./Seite)
T: 30 Sek. (12 Wdhl./Seite)
S: 45 Sek. (20 Wdhl./Seite)

9 Aus der Bauchlage Verwinden der Hüfte, indem ein Bein zur gegenüberliegenden Seite abgelegt wird, Fuß des abgewinkelten Beins berührt den Boden, Arme seitlich gestreckt
Belastungsintervall:
U: 15 Sek. (4 Wdhl./Seite)
T: 30 Sek. (10 Wdhl./Seite)
S: 45 Sek. (20 Wdhl./Seite)

10 Hopserlauf
Variation: Hopserlauf mit Anfersen und Anhocken (Hopserrhythmus)
Hinweis: Hohe Anforderungen an das Koordinationsvermögen!
Belastungsintervall:
U: 20 Sek. (30 Wdhl./Seite)
T: 40 Sek. (70 Wdhl./Seite)
S: 60 Sek. (120 Wdhl./Seite)

11

11 Sprunggelenkslauf
Variation: Sprunggelenkslauf mit Anhocken und Anfersen
Hinweis: Der Sprungrhythmus ist der gleiche wie beim Hopserlauf, lediglich der Absprung erfolgt aus dem Sprunggelenk
Belastungsintervall:
U: 15 Sek. (25 Wdhl./Seite)
T: 30 Sek. (60 Wdhl./Seite)
S: 45 Sek. (100 Wdhl./Seite)

12a

12b

12 (a, b) Hock-Strecksprünge mit weicher Landung
Variation: Hocksprünge in der Abfahrtsposition (Oberkörper bleibt gebückt)
Hinweis: Konzentration auf genügenden Federweg von Knie- und Hüftgelenk
Belastungsintervall:
U: 10 Sek. (6 Wdhl./Seite)
T: 20 Sek. (12 Wdhl./Seite)
S: 30 Sek. (18 Wdhl./Seite)

13

13 Langlauf-Diagonalspringen
Hinweis: Arm und Gegenbein sind vorgestreckt bzw. vorgestellt
Belastungsintervall:
U: 15 Sek. (25 Wdhl./Seite)
T: 30 Sek. (60 Wdhl./Seite)
S: 45 Sek. (90 Wdhl./Seite)

a

14b

14 (a, b) Aus dem Langsitz wechselseitig in die Bauchlage
Belastungsintervall:
U: 15 Sek. (4 Wdhl./Seite)
T: 30 Sek. (8 Wdhl./Seite)
S: 30 Sek. (30 Wdhl./Seite)

15a

15b

15 (a, b) Doppelstockschub-Imitation ohne Ausfallschritt
Variation: Mit Ausfallschritt
Belastungsintervall:
U: 20 Sek. (15 Wdhl./Seite)
T: 30 Sek. (25 Wdhl./Seite)
S: 45 Sek. (35 Wdhl./Seite)

Doppelstockschub

Koordination

Sportarten mit hohen technischen Ansprüchen erfordern ein angemessenes koordinatives Training, denn es gibt kaum eine koordinative Fähigkeit, die dieser Sport nicht abverlangt. So muß der Skifahrer beispielsweise in der Buckelpiste schnell reagieren, Richtungsänderungen sicher durchführen und im Gelände die Orientierung beibehalten. Im Langlauf kommt es besonders darauf an, Teilbewegungen aufeinander abzustimmen und das Gleichgewicht auf der schmalen Unterstützungsfläche zu halten.
Mit abwechslungsreichen komplexen Übungsformen oder durch die Rhythmisierung von Übungen (Eigenrhythmus oder z. B. Musikuntermalung) lassen sich die koordinativen Fähigkeiten leicht entwickeln. Auch Imitationsübungen können auf die Anforderungen im Skifahren und Skilanglaufen vorbereiten, wenngleich sie auch nicht den Einfluß auf das skifahrerische Können haben, wie man bisher annahm (vgl. S. 62). Dem Ideenreichtum sind keine Grenzen gesetzt, denn jede neuerlernte Bewegung hilft, die Koordination zu verbessern.

Imitationsübungen

Ski alpin

1 Umsteigespringen

2 Pflugspringen

3 Innen- und Außenkantenbelastung der Fußsohle

4 Wedelhüpfen

5 (a, b) Hocksprünge aus der Abfahrtshocke

6a

6b

6c

6 (a, b) Abfahrtshocke mit Innen- und Außenkantenbelastung der Fußsohle

6 (c) Abfahrtshocke ohne Belastung der Innen- und Außenkanten

7

7 Charleston (zum Auslockern)

Skilanglauf

1

2

1 Armschwung diagonal aus der Schrittstellung

2 Langlaufspringen diagonal

3a

3b

3 (a, b) Doppelstockarmschwung

4 (a–c) Doppelstock mit Ausfallschritt

a

4b

4c

5a

5b

5 (a, b) Schlittschuhschritt mit betontem Auspendeln des hinteren Beines

6

6 In der Hockstellung abwechselnd seitlich ein Bein wegstrecken

7 (a–c) Skating-Imitation

7a

7b

7c

Marc Girardelli

Abfahrtstest

Ein besonderer Anreiz zum Mitmachen ist für viele Teleski-Fans der »Abfahrtstest« am Ende jeder Sendung. Der besondere Reiz liegt wohl darin, daß der Betrachter durch die Aufnahmen der subjektiven Kamera den Eindruck gewinnt, er selbst bewältige in der Rennhocke so berühmte und berüchtigte Abfahrtsstrecken wie die »Streif« in Kitzbühel, die »Lauberhornabfahrt« in Wengen oder auch die Weltmeisterschaftsstrecke in Vail/USA.

Viele Zuschauer bemühen sich, den Test – in einer Länge von bis zu 2,5 Minuten – ebenso durchzuhalten, wie dies die Stars im Fernsehstudio demonstrieren. Ist die Belastung zunächst zu groß, so kann man sich durch eine aufrechtere Fahrposition das Training erleichtern. Soll besonders intensiv trainiert werden, so sind die federnden Bewegungen in der tiefen Hocke auszuführen.

»Abfahrtstest«

TRAININGSPROGRAMM FÜR UNTRAINIERTE

Aufwärmen

Übungen (5 Minuten): Laufen am Ort
Laufen am Ort mit Doppelarmkreis und Mühlkreisen
Laufen am Ort und seitliches ein- oder beidarmiges Hinuntergreifen
Laufen am Ort mit Sidesteps
Federn am Ort mit zusätzlichem Auslockern von Armen und Beinen

Stretching

Ausführung: 20 Sekunden dehnen – 30 Sekunden auslockern / entspannen – 20 Sekunden dehnen der anderen Seite – 30 Sekunden auslokkern / entspannen – nächste Übung

Dehnen Sie behutsam, und vermeiden Sie grundsätzlich jegliches Schmerzgefühl!

1. Aus dem Ausfallschritt das Körpergewicht nach vorne verlagern, Oberkörper bleibt aufrecht
Hauptwirkung: Hüftmuskulatur

2. Aus dem Liegestütz rücklings die Beine anhocken, Hüfte anheben und die Knie nach vorne schieben
Hauptwirkung: vordere Oberschenkelmuskulatur

3. Aus dem Kniestand ein Bein gestreckt nach vorne abspreizen, Oberkörper vorbeugen
Hauptwirkung: hintere Oberschenkelmuskulatur

4. Aus der Kreuzschrittstellung Oberkörper zur Seite beugen. Der äußere Arm zieht nach schräg oben
Hauptwirkung: seitliche Hüft- und Oberschenkelmuskulatur

5. Aus dem Sitz neben den angewinkelten Beinen Oberkörper nach hinten drehen
Hauptwirkung: Muskeln der Lenden-, Brust- und Halswirbelsäule

6.

7.

1.

2.

6. Seitausfallschritt
   Hauptwirkung: innere Oberschenkelmuskulatur

7. Aus dem Sitz mit leicht angewinkelten Beinen, die Hände schulterbreit hinter dem Kopf abstützen, Gesäß langsam Richtung Fersen schieben
   Hauptwirkung: Schulter-, Brust- und Oberarmmuskulatur

Kräftigungstraining

Die einzelnen Kräftigungsübungen sind mit Wiederholungszahlen bzw. isometrischen Haltezeiten versehen. Mit zunehmender Verbesserung Ihres Trainingszustandes können Sie Ihren Trainingsumfang erhöhen, indem Sie von jeder Übung mehrere Durchgänge trainieren.

1. Rumpfeinrollen mit angewinkelten Beinen, Arme nach vorne gestreckt
   Hauptwirkung: Bauchmuskulatur
   25 Wiederholungen

2. Aus der Rückenlage mit Stütz auf den Unterarmen das Gesäß heben
   Hauptwirkung: Rücken-, Gesäß- und hintere Oberschenkelmuskulatur
   4 x 10 Sekunden halten

3.

4.

3. Aus der Bankstellung Arm und Gegenbein bis zur Waagrechten strecken
Hauptwirkung: Rücken- und Gesäßmuskulatur
3 x 10 Sekunden je Seite halten

4. Einbeinige Kniebeugen aus dem Stand
Hauptwirkung: Oberschenkel-, Gesäß- und Hüftmuskulatur
10 Wiederholungen je Seite

5.

5. Abfahrtshocke mit Partner
Hauptwirkung: Oberschenkel- und Gesäßmuskulatur
45 Sekunden halten

6. Liegestütz aus dem Kniestand
Hauptwirkung: Schulter-, Brust- und Armmuskulatur
15 Wiederholungen

6.

Herz-Kreislauf-Training

Als Abwechslung oder für besonders Eifrige als zweiten Durchgang kann dieser Herz-Kreislauf-Block auch einmal von hinten nach vorne trainiert werden.

1. Wedelhüpfen
   10 Sekunden

2. Hüpfen mit Hüftverwringen
   15 Sekunden

3. Pflugspringen
   20 Sekunden

4. Hampelmannsprünge
   15 Sekunden

5.

5. Federn am Ort mit Beineausschütteln
20 Sekunden

6.

6. Aus dem Hockstand in die Grätsche springen
10 Sekunden

7.

7. Umsteigesprünge
15 Sekunden

8.

8. Auslockern im Stehen und Sitzen

TRAININGSPROGRAMM FÜR TRAINIERTE

Aufwärmen

Übungen (5 Minuten): Laufen am Ort
Laufen am Ort mit Anfersen und Anhocken
Laufen am Ort mit Doppelarmkreis und Mühlkreisen
Hopserlauf am Ort (Koordinationsübung)
Federn am Ort mit zusätzlichem Auslockern von Armen und Beinen

Stretching

Ausführung: 25 Sekunden dehnen – 30 Sekunden auslockern/entspannen – 25 Sekunden dehnen der anderen Seite – 30 Sekunden auslokkern/entspannen – nächste Übung
Selbstverständlich können Sie jede Übung auch zweimal wiederholen, um die Effektivität noch zu erhöhen.

1.

2.

3.

1. Aus dem Schrittknien hinteren Fuß zum Gesäß ziehen
   Hauptwirkung: vordere Oberschenkelmuskulatur

2. Aus dem Kniestand ein Bein gestreckt nach vorne abspreizen, den Oberkörper vorbeugen
   Hauptwirkung: hintere Oberschenkelmuskulatur

3. Seitausfallschritt
   Hauptwirkung: innere Oberschenkelmuskulatur

4.

5.

4. Aus der Rückenlage die angewinkelten Beine ablegen, Arme in Nackenhalte
Hauptwirkung: tiefe Rükkenmuskulatur

5. Aus dem Kniestand Oberkörper nach hinten neigen, bis die Hände die Fersen oder sogar den Boden berühren
Hauptwirkung: vordere Oberschenkel- und Bauchmuskulatur

6.

6. Im Stand einen Arm in Hochhalte hinter dem Kopf abwinkeln und mit der Gegenhand den Ellbogen zur Seite ziehen
Hauptwirkung: breite Rükken-, Schulter- und Armmuskulatur

7. Aus der Rückenlage ein Bein beugen, mit beiden Händen umfassen und dann langsam nach oben strecken
Hauptwirkung: hintere Oberschenkel- und Wadenmuskulatur

7.

Kräftigungstraining

Auch hier sind die Übungen erneut mit Wiederholungszahlen bzw. isometrischen Haltezeiten versehen. Die Anzahl der Durchgänge (Serienzahl) können Sie selbst bestimmen.

1.

2.

1. Rumpfeinrollen mit angewinkelten Beinen, Arme nach vorne gestreckt
   Hauptwirkung: Bauchmuskulatur
   50 Wiederholungen

2. Aus der Rückenlage Hüfte und Knie 90° anwinkeln, Becken heben und senken
   Hauptwirkung: Bauch- und untere Rückenmuskulatur
   20 Wiederholungen

3.

3. Aus der Rückenlage ein Bein beugen und umfassen, Gesäß vom Boden abheben
   Hauptwirkung: untere Rükken-, Gesäß- und hintere Oberschenkelmuskulatur
   6 x 10 Sekunden je Seite halten

4.

5.

5. Einbeinige Kniebeugen aus dem Stand, das nicht belastete Bein ist nach vorne gestreckt
Hauptwirkung: Oberschenkel-, Gesäß- und Hüftmuskulatur
12 Wiederholungen je Seite

4. Aus der Seitenlage, auf einen Unterarm gestützt, Becken abheben und das äußere Bein nach oben abspreizen
Hauptwirkung: äußere Oberschenkel- und Hüftmuskulatur
6 x 8 Sekunden je Seite halten

6.

7.

6. Abfahrtshocke
Hauptwirkung: Oberschenkel- und Gesäßmuskulatur
2 Minuten halten

7. Liegestütz aus dem Kniestand, breite Arm- und Beinstellung
Hauptwirkung: Brust-, Schulter- und Armmuskulatur
20 Wiederholungen

Herz-Kreislauf-Training

Als Abwechslung oder für die besonders Konditionsstarken als zweiter Durchgang kann auch dieser Herz-Kreislauf-Block wieder in umgekehrter Reihenfolge trainiert werden. Die Gesamttrainingszeit eines Durchganges beträgt ungefähr sieben Minuten.

1.

1. Umsteigespringen
   45 Sekunden

2.

2. Wedelhüpfen
   30 Sekunden

3.

4.

3. Schrittspringen im Liegestütz
   30 Sekunden

4. Federn am Ort mit Beineausschütteln
   30 Sekunden

6.a

6.b

5. Hüpfen mit Hüftverwringen
45 Sekunden

6. (a, b) Doppelstockschub
45 Sekunden

7.

8.

7. Hampelmannsprünge
45 Sekunden

8. Sprunggelenkslauf
45 Sekunden

9.

10.

9. Aus der Bauchlage ein Bein zur gegenüberliegenden Seite ablegen
45 Sekunden

10. Hocksprünge in Abfahrtsposition
20 Sekunden

11.

12.

11. Federn am Ort mit Beine- und Armeausschütteln
45 Sekunden

12. Auslockern im Sitzen und in der »Kerze«
30 Sekunden

7-MINUTEN-TRAININGSPROGRAMM

Aufwärmen

60 Sekunden Laufen am Ort mit Sidesteps und seitlichem ein- oder beidarmigen Hinuntergreifen

Stretching

2.

2. Aus dem Liegestütz rücklings die Beine anhocken, Hüfte anheben und die Knie nach vorne schieben
25 Sekunden

1.

3.

1. Aus der Rückenlage ein Bein beugen, mit den Händen umfassen und dann nach oben strecken
25 Sekunden je Seite

3. Aus dem Sitz neben den angewinkelten Beinen den Oberkörper nach hinten drehen
20 Sekunden je Seite

Kräftigungstraining

1.

1. Aus der Rückenlage Hüfte und Knie 90° anwinkeln, Becken heben und senken
Hauptwirkung: Bauch- und untere Rückenmuskulatur
15 – 20 Wiederholungen

2.

2. Aus der Rückenlage mit angewinkelten Beinen das Becken vom Boden abheben. Nicht überstrecken!
Hauptwirkung: untere Rükken-, Gesäß- und hintere Oberschenkelmuskulatur
3 – 4 x 10 Sekunden halten

3.

3. Einbeinige Absprünge aus der Hocke im Wechsel links–rechts
Hauptwirkung: Oberschenkelmuskulatur
8 – 10 Wiederholungen je Seite

Herz-Kreislauf-Training

1.

1. Wedelhüpfen mit ein- oder beidarmigem Heruntergreifen zum Boden
20 Sekunden

2. Schrittspringen im Liegestütz
20 Sekunden

3. Hampelmannsprünge mit Überkreuzen der Beine
20 Sekunden

4. Hock-Strecksprünge mit weicher Landung
20 Sekunden

5. Federn am Ort mit Beineausschütteln
30 Sekunden

TRAININGS-PROGRAMM GEGEN RÜCKENSCHMERZEN

Die ungewohnten Belastungen des alpinen aber auch des nordischen Skilaufs können zu solch hohen Beanspruchungen der Muskulatur führen, daß sie zum Auslöser unangenehmer Rückenbeschwerden werden. Eine nur schwach ausgebildete Muskulatur (hier besonders die Rumpfmuskulatur) wird bei starker Überforderung zu einer extremen Muskelverkürzung führen, die wiederum ungleiche Zugverhältnisse auf die Nervenverläufe innerhalb des jeweiligen Muskels bewirkt. Dies macht sich dann in seiner Gesamtheit als Rükkenbeschwerden bemerkbar. Daher sollten Sie darauf achten, daß Sie Ihre Bauch- und Rückenmuskulatur besonders kräftigen und die überbeanspruchte, verkürzte Muskulatur (Oberschenkel, Hüftbeuger und tiefe Rückenmuskulatur), wie auch jeder Skirennläufer, genügend zu dehnen. Unser kurzes, zehnminütiges Trainingsprogramm wird Ihnen helfen, vorausgesetzt, Sie üben täglich (!), unbeschwerte Skitage zu erleben.

1. Aus dem Schrittknien hinteren Fuß zum Gesäß ziehen
20 Sekunden je Seite

2. Aus dem Kniestand ein Bein gestreckt nach vorne abspreizen, Oberkörper vorbeugen
20 Sekunden je Seite

3. Aus der Rückenlage die angewinkelten Beine zur Seite ablegen, Arme in Nackenhalte
20 Sekunden je Seite

4.

4. Aus dem Sitz neben den angewinkelten Beinen den Oberkörper nach hinten drehen
20 Sekunden je Seite

5. Rumpfeinrollen mit angewinkelten Beinen, Arme nach vorne gestreckt
Hauptwirkung: Bauchmuskulatur
30 – 40 Wiederholungen

6.

5.

6. Aus der Rückenlage Hüfte und Knie 90° anwinkeln, Becken vom Boden abheben und wieder senken
Hauptwirkung: Gesäß- und untere Rückenmuskulatur
10 – 15 Wiederholungen

7.

7. Aus der Rückenlage mit Stütz auf den Unterarmen das Becken vom Boden abheben
Hauptwirkung: Rücken-, Gesäß- und hintere Oberschenkelmuskulatur
4 – 6 x 10 Sekunden halten

8.

8. Aus der Rückenlage ein Bein beugen und umfassen, Gesäß abheben
Hauptwirkung: untere Rükken-, Gesäß- und hintere Oberschenkelmuskulatur
3 – 4 x 8 Sekunden je Seite halten

SICHERHEIT IM SKISPORT

FIS-VERHALTENSREGELN

FIS = Fédération Internationale de Ski (Internationaler Skiverband)

Ski alpin

1 Rücksicht auf die anderen

Jeder Skifahrer muß sich stets so verhalten, daß er keinen gefährdet oder schädigt.

2 Beherrschung der Geschwindigkeit und der Fahrweise

Jeder Skifahrer muß Geschwindigkeit und Fahrweise seinem Können und den Gelände- und Witterungsverhältnissen anpassen.

3 Wahl der Fahrspur

Der von hinten kommende Skifahrer muß seine Fahrspur so wählen, daß er vor ihm fahrende nicht gefährdet.

4 Überholen

Überholt werden darf von oben oder unten, von rechts oder links, aber immer nur mit einem Abstand, der dem überholten Skifahrer für alle seine Bewegungen genügend Raum läßt.

5 Pflichten des unteren und des querenden Skifahrers

Jeder Skifahrer, der in eine Abfahrtsstrecke einfahren oder ein Skigelände queren (traversieren) will, muß sich zuvor nach oben und unten vergewissern, daß er dies ohne Gefahr für sich und andere tun kann. Dasselbe gilt auch nach jedem Anhalten.

Rücksichtnahme auf die anderen

Hinweisschilder

6 Verweilen auf der Abfahrt

Jeder Skifahrer muß es vermeiden, sich ohne Not an engen oder unübersichtlichen Stellen einer Abfahrtsstrecke aufzuhalten. Ein gestürzter Skifahrer muß eine solche Stelle so schnell wie möglich wieder freimachen.

7 Aufstieg

Der aufsteigende Skifahrer darf nur den Rand einer Abfahrtsstrecke benutzen; er muß auch diesen bei schlechten Sichtverhältnissen verlassen. Dasselbe gilt für den Skifahrer, der zu Fuß absteigt.

8 Beachten der Zeichen

Jeder Skifahrer muß die Zeichen (Markierungen und Hinweisschilder) auf den Abfahrtsstrecken beachten.

9 Verhalten bei Unfällen

Bei Unfällen ist jeder zur Hilfeleistung verpflichtet.

10 Ausweispflicht bei Unfällen

Jeder, ob Zeuge oder Beteiligter, ob verantwortlich oder nicht, muß bei einem Unfall seine Personalien angeben.

In der Loipe

Skilanglauf

1 Rücksichtnahme auf die anderen

Jeder Langläufer muß sich so verhalten, daß er keinen anderen gefährdet oder schädigt.

2 Signalisation, Laufrichtung und Lauftechnik

Markierungen und Signale (Hinweisschilder) sind zu beachten. In Loipen ist in der angegebenen Richtung und Lauftechnik zu laufen.

3 Wahl der Spur

Auf Doppel- und Mehrfachspuren muß in der rechten Spur gelaufen werden. Langläufer in Gruppen müssen in der rechten Spur hintereinander laufen. In freier Technik ist rechts zu laufen.

Überholen

4 Überholen

Überholt werden darf rechts oder links. Der vordere Läufer braucht nicht auszuweichen. Er sollte aber ausweichen, wenn er es gefahrlos kann.

5 Gegenverkehr

Bei Begegnungen hat jeder nach rechts auszuweichen. Der abfahrende Langläufer hat Vorrang.

6 Stockführung

Beim Überholen, Überholtwerden und bei Begegnungen sind die Stöcke eng am Körper zu führen.

7 Anpassung der Geschwindigkeit an die Verhältnisse

Jeder Langläufer muß, vor allem auf Gefällstrecken, Geschwindigkeit und Verhalten seinem Können, den Geländeverhältnissen, der Verkehrsdichte und der Sichtweite anpassen. Er muß einen genügenden Sicherheitsabstand zum vorderen Läufer einhalten. Notfalls muß er sich fallen lassen, um einen Zusammenstoß zu verhindern.

8 Freihalten der Loipen

Wer stehen bleibt, tritt aus der Loipe. Ein gestürzter Langläufer hat die Loipe möglichst rasch freizumachen.

9 Hilfeleistung

Bei Unfällen ist jeder zur Hilfeleistung verpflichtet.

10 Ausweispflicht

Jeder, ob Zeuge oder Beteiligter, ob verantwortlich oder nicht, muß im Falle eines Unfalles seine Personalien angeben.

DSV-TIPS

DSV= Deutscher Skiverband

Schlepplift

1 Anstellen

Stellen Sie sich geordnet an, bei Tellerliften einzeln, bei Liften mit Doppelbügeln paarweise, um Stockungen und unnötige Wartezeiten zu vermeiden. Achten Sie darauf, ob es sich um einen Selbstbedienungslift oder um einen Lift mit Einstiegshelfer handelt. Nur bei Selbstbedienungsliften dürfen Sie den Teller oder Bügel selbständig ergreifen.

2 Einsteigen

Treten Sie zügig an die Einstiegstelle, nehmen Sie beide Stöcke in die äußere Hand, wenden Sie sich nach innen, um mit der freien Hand nach dem Schleppbügel greifen zu können.

Einsteigen

3 Anfahren

Setzen Sie sich nicht auf den Schleppbügel! Bleiben Sie stehen, lehnen Sie sich leicht gegen den Bügel, und lassen Sie sich schieben. Gleitende Schritte in Fahrtrichtung erleichtern das Anfahren.

4 Verhalten während der Fahrt

Belasten Sie bei offener Skiführung beide Ski gleichmäßig. Lehnen Sie sich weder nach außen noch auf den Partner, dann halten Sie das Gleichgewicht besser.

5 Spur halten

Bleiben Sie in der Schleppspur, fahren Sie nicht »Slalom« und steigen Sie nicht vorzeitig aus, sonst gefährden Sie sich und andere.

Anlehnen und schieben lassen

6 **Verhalten nach einem Sturz**
Wer in der Liftspur stürzt, muß sich bemühen, die Spur sofort frei zu machen. Nachfolger können kaum ausweichen.

7 **Vorbereitung auf den Ausstieg**
Bereiten Sie sich rechtzeitig auf das Aussteigen vor. Achten Sie darauf, daß sich der Schleppbügel nicht in Ihrer Kleidung verfängt!

8 **Aussteigen**
Steigen Sie zügig aus, lassen Sie den Bügel in Fahrtrichtung aus, und werfen Sie ihn nicht achtlos zur Seite.

9 **Verlassen der Ausstiegsstelle**
Verlassen Sie die Ausstiegsstelle sofort. Machen Sie Platz für nachfolgende Skifahrer, damit es nicht zu Kollisionen kommt oder Sie von einem pendelnden Liftbügel getroffen werden.

Sessellift

Sessellift

1 **Geordnet anstellen, Anweisungen beachten**
Unterlassen Sie bitte unsportliches Drängeln, und reihen Sie sich ordnungsgemäß ein. Beachten Sie Anweisungen des Liftpersonals und der Skiwacht, auch im Anstellbereich. Zeigen Sie Körperbehinderungen oder Mitnahme von Kindern dem Liftpersonal rechtzeitig vor dem Einsteigen an.

2 **Sicherheitsbügel schließen, Ski ruhig halten**
Schließen Sie den Sicherheitsbügel am Sessel, und halten Sie die Ski ruhig. Beim Zusammenschlagen der Ski kann die Bindung aufgehen.

3 **Nicht schaukeln**
Halten Sie die Ski in Fahrtrichtung, und schaukeln Sie nicht.

Sicherheitsbügel schließen und nicht schaukeln

4 Rauchverbot beachten

Durch Rauchen gefährden Sie nicht nur wertvollen Waldbestand, sondern unter Umständen auch Leben und Gesundheit vieler Menschen.

5 Nicht abspringen oder aussteigen

Behalten Sie bis zur Ankunft am Ziel Ihren Platz bei. Der Abstand zum Boden ist immer größer, als Sie meinen.

6 Zügig aussteigen

Öffnen Sie vor der Ankunft den Sicherheitsbügel rechtzeitig, und heben Sie die Skispitzen an. Verlassen Sie den Aussteigeplatz zügig in der angezeigten Richtung. Trödeln gefährdet Sie und andere.

Pistenraupen

1 Eigene Sorgfalt des Skifahrers

Pistenraupen müssen manchmal während des Skibetriebs und auch bei schlechtem Wetter eingesetzt werden. Unabhängig von den Pflichten der Pistenraupenfahrer gegenüber dem Skibetrieb soll sich der Skifahrer stets vor Augen halten, daß Pistenraupen schwer lenkbar sind und ihr Fahrer nicht immer die Möglichkeit hat, das Gelände rundum voll einzusehen.

2 Abstand halten

Einer erkennbar in Betrieb befindlichen Pistenraupe soll der Skifahrer nicht zu nahe kommen. Sein Sicherheitsabstand wird auch bei guter Sicht nach hinten/vorn 15 m, zur Seite 3 m nicht unterschreiten dürfen.

3 Nicht anhängen

Nur wenn gute Sicht ihm die Einhaltung des Abstandes ermöglicht, wird der Skifahrer einer Pistenraupe nachfahren dürfen.
Das Gerät kann plötzlich einmal anhalten. Sich an die Raupe anhängen sollte auch ein guter Skifahrer niemals.

Die Raupe hat Vorfahrt

4 **Manchmal verdeckt**
Pistenraupen müssen auch im nicht einsehbaren Gelände arbeiten und tauchen dann plötzlich vor dem Skifahrer auf; mit ein Grund für ihn, stets nur auf Sicht zu fahren.

5 **Raupe hat Vorfahrt**
Nicht die Pistenraupe hat den Skifahrer vorbeizulassen, sondern umgekehrt. Er soll sich deshalb stets vergewissern, wohin sie fährt und ob sie nicht ihre Richtung ändert. An Engstellen soll er lieber anhalten, bis sie vorbei ist.

6 **Pistenraupen können abrutschen**
Am steileren Hang kann die Raupe ins Rutschen kommen. Der unterhalb befindliche Skifahrer soll sie deshalb sorgfältig im Auge haben und reichlich Abstand halten.

7 **Sich bemerkbar machen**
Kann der Skifahrer – vielleicht, weil er gestürzt ist oder einen Schaden hat – der Pistenraupe nicht schnell genug Platz machen, dann soll er Zeichen geben, damit der Fahrer ihn sieht. Wenn nötig sollen auch andere in der Nähe befindliche Skifahrer den Lenker warnen.

Skisportler in der Natur

Skisportler erleben die freie Natur. Sie ist Heimat für Tiere und von Pflanzen, die auf einem empfindlichen Boden gedeihen. Sie schützt auch den Menschen selbst. Alle sind aufgerufen, die Landschaft zu schonen, um auch in Zukunft Wintersport in einer natürlichen Umwelt ausüben zu können. Der Deutsche Skiverband bittet daher die Skisportler, folgende Regeln zu beachten:

Langlauf in freier Natur

1 Halten Sie sich an markierte Loipen, Pisten oder bezeichnete Routen.

2 Weichen Sie im Wald nicht von präparierten Spuren ab, und unterlassen Sie das Tiefschneefahren im Wald. Sie stören Tiere und schädigen mit den Skikanten den Aufwuchs von jungen Bäumen.

3 Meiden Sie schneearme Südlagen, auf denen Wildtiere ihr spärliches Winterfutter finden.

4 Bleiben Sie Wildfütterungen fern, wenn sie nicht eigens für die Beobachtung eingerichtet sind.

5 Beachten Sie Hinweistafeln und meiden Sie geschützte Gebiete.

6 Lassen Sie beim Skisport Ihren Hund zu Hause.

7 Vermeiden Sie Lärm.

8 Unterlassen Sie Skilaufen bei Dämmerung und Nacht.

9 Nehmen Sie allen Abfall mit nach Hause.

10 Fahren Sie nach Möglichkeit zum Skisport mit öffentlichen Verkehrsmitteln.

PISTEN- UND LOIPENMARKIERUNG

Die Pisten- und Loipenmarkierung ist international einheitlich genormt.
Pisten und Loipen werden je nach Schwierigkeitsgrad in drei verschiedenen Farben markiert:

blau	=	leichte Piste und Loipe
rot	=	mittelschwere Piste und Loipe
schwarz	=	schwere Piste und Loipe

Ausnahmen: In Italien werden zusätzlich sehr leichte Pisten und Loipen in grüner Farbe markiert. In der Schweiz werden Loipen nicht auf die beschriebene Weise gekennzeichnet: Die Markierungsfarbe ist dort einheitlich gelb.

Streckenmarkierungsschilder
Die runden Streckenmarkierungsschilder in den genannten Farben blau, rot und schwarz können verschiedene Informationshinweise enthalten:

Pistenmarkierungsschild »leicht«

• Entweder eine Streckenbezeichnung (Piste oder Loipe »Olympia«) oder eine konstante Ziffer zur Kennzeichnung einer bestimmten Strecke (Piste oder Loipe 3).

Pistenmarkierungsschild »mittelschwer«

• Kleine fortlaufende Ziffern: Sie geben auf Pisten die Reihenfolge der Schilder an, wobei mit der höchsten Ziffer bei der Bergstation begonnen wird (bei Skiunfällen kann anhand der Ziffer des nächststehenden Markierungsschildes der Unfallort beim Rettungsdienst genau angegeben werden).

Loipenmarkierungsschild »schwer«

• Kilometerangaben bei Loipen.

Gefahrenschilder
Neben den aus dem Straßenverkehr bekannnten Schildern ist das Gefahrenschild »Achtung! Pistenraupe unterwegs« von den Skifahrern besonders zu beachten.

Allgemeines Gefahrenschild

Pistenraupe unterwegs

Gebotsschilder
Gebotsschilder sind derzeit in ihrer Form noch sehr uneinheitlich. Künftig werden weiße Symbole auf blauem Grund verwendet. Gebotsschilder signalisieren dem Skifahrer wichtige Verhaltensweisen.

Skispitzen anheben (Bei der Einfahrt in die Sessellift-Bergstation)

Bügel öffnen

Verbotsschilder
Verbotsschilder sind von den Skisportlern unbedingt zu beachten, weil sie sich sonst in jedem Falle gefährden. Die wichtigsten Beispiele sind:

Slalomfahren in der Lifttrasse verboten

Schaukeln verboten

Hinweisschilder
Hinweisschilder sind derzeit ebenfalls noch sehr unterschiedlich, künftig werden sie weiße Symbole auf grünem Grund tragen.

Erste Hilfe

Rettungsnotruf

Lawinenschilder
Von allen Schildern müssen von den Skifahrern die Lawinenschilder am striktesten befolgt werden, denn **Lawinengefahr bedeutet stets: Lebensgefahr.** Das gelbschwarze Sperrschild signalisiert, daß eine Piste oder Loipe wegen Lawinengefahr gesperrt ist und sie in gar keinem Fall befahren oder begangen werden darf.

Das Lawinenwarnschild mit der Weißen Hand signalisiert dem Skifahrer, daß an dieser Stelle außerhalb der Piste oder Loipe Lawinengefahr besteht. Wenn in dieser Situation im markierten Gelände Pisten und Loipen nicht gesperrt sind, kann man in diesem Bereich – aber nur in diesem! – gesichert Skisport treiben.

REGISTER

Zum gleichen Thema erhalten Sie bei Ihrem Buchhändler
in der FALKEN Videothek das gleichnamige Video
zur TV-Sendung »TELESKI 90« (6052)

CIP-Titelaufnahme der Deutschen Bibliothek

Vorderwülbecke, Manfred:
Skigymnastik perfekt: Teleski 90 / Manfred Vorderwülbecke;
Günter Kern. – Niedernhausen/Ts.: FALKEN, 1989
(FALKEN Bücherei)
ISBN 3-8068-1037-0
NE: Kern, Günter:

ISBN 3 8068 1037 0

Titelbild: PSF Peter Stückl Film, Tutzing
Fotos: Bongarts Sportpressephoto, Hamburg: 7, 30, 35, 54/55 (Karstadt), 109 o., 110, 114 u.;
CCC, Maur-Zürich: 57
PSF Peter Stückl Film, Tutzing: 8, 9, 60/61, 63–67, 70–86, 87 u., 88–105 (M. Magerer); 2, 4, 7, 10/11, 15, 19, 27, 29, 36/37, 39, 40 u., 41–48, 106–107, 108, 111 o., 112, 114 o. (S. Mallaun); 68, 69 (S. Nöbauer); 22, 34, 38, 40 o., 50, 51, 52, 53, 58 (K. Riedelsheimer)
J. Scherer, Gießen: 6;
Silvestris, Fotoservice Kastl/Obb.: 23, 109 u. (H. P. Merten), 111, 113 (Kerscher);
Stief Pictures, Frankfurt: 115;
Stiftung Sicherheit im Skisport, München: 116–117;
WEREK Pressebildagentur, München: 32, 87 o.;
Zeichnungen: Gerhard Scholz, Dornburg: 14, 17, 21, 22, 25, 31, 32, 34, 35
Peter Volz (PSF), Tutzing: 49

Satz: Grunewald Satz & Repro GmbH, Kassel
Druck: Auer, Donauwörth

817 2635 4453 6271